お金と幸福のおかしな関係

トレッドミルから降りてみませんか

マティアス・ビンズヴァンガー
小山千早 訳

新評論

まえがき

本書執筆の切っ掛けとなったのは、二〇〇三年にミラノのビコッカ大学（Bicocca）で開かれた会議である。この会議は「幸福の逆説性」と銘打たれ、哲学者、心理学者、社会学者、経済学者が一堂に会して、「私たちは裕福になるばかりだが、それに比例して幸せにはなっていない」という事実を分析した幸福の逆説性に関しての研究結果を発表したものである。

私はこの会議に経済学者として出席し、「私たちは豊かになっているのになぜ幸せになれないのか――幸福の逆説性の背後に隠れるトレッドミル」という表題で講演を行った。そしてこのときに、幸福を停滞させている原因の一部として紹介した四つの「トレッドミル効果」が本書の基礎となった。

それにしても、「幸せ」をテーマとした本を書くということは一種の皮肉ともいえよう。なぜなら、何時間も一人でコンピュータの前に座り、一行また一行とキーボードに打ち込んでいく作業はとくに幸せな時間とはいえないからだ。それでも、私の個人的な幸福感に本書執筆が取り立てて影響を与えるという結末にはならなかった。これには二つの理由がある。

一つには、モノトーンな執筆行程に対して地理的な変化をつくったことである。本書のある部分は、エチオピアやケニア、あるいはマダガスカルといったエキゾチックな国々で生まれた。私は、これらの国の簡素なホテルの一室を書斎につくり変えたのである。

そしてもう一つの理由は、長期にわたって執筆作業を繰り返し中断しなければならなかったことである。私はオルテン（Olten）にある北西スイス専門大学（Fachhochschule Nordwestschweiz）の教授を務めているため、かなりの集中力を要する執筆作業を長くつづけることを自ずと回避することができた。もっとも、それが理由で本書の脱稿には時間がかかったわけであるが……。

そんななかでも、集中的に執筆を進められる時期はやはりあった。大学がいくつかのセメスターの休講を許可してくれたため、二〇〇四年に関しては数か月間教鞭を執ることなく執筆に取り組むことができた。その結果において生まれた本書がセメスター休講の有用性を証明することに役立てば、これもまたうれしいことである。まとまって休むことができなければ、本書は単なる計画だけで終わっていただろう。

本書の出版にあたり、重要な役割を演じた機関がもう一つある。それは、私が数年前から会員となっている「ウィーンクラブ」(1)である。このクラブは、二〇〇五年に逝去された進化生物学者のルーペルト・リードル氏[2]がウィーンに創立したもので、会員にはさまざまな分野の研究者が参集している。同クラブは、経済の未来と社会や環境におけるその影響に関して種々のプロジェクトを実行しているが、本書には、それらを参考に執筆した箇所（とくに第11章）がいくつかある。

本書の出版に協力していただいた個人の方々にも礼を述べたい。まずは、ともに同じ分野（国民経済学）で活動している父のハンス＝クリストフ・ビンズヴァンガー（ザンクトガレン大学名誉教授）と兄のヨハネス・ビンズヴァンガー（ティルブルク大学）に感謝の意を表する。家庭内の批評家であるこの二人は原稿を親身に批判してくれ、そのおかげで私はまだ練りあがらないままのアイデアを家庭の外へと持ち出さずにすんだ。

私は、本書のアイデアを、大それたことに社会政策協会（ドイツ語圏でもっとも権威ある

（1）（Club of Vienna）生活基盤や安定した共同生活の維持、また平和や長期的に機能する経済活動の維持を目標とする種々の分野の専門家二五人からなる団体。

（2）（Rupert Riedl, 1925～2005）オーストリアの動物学者。とくに、海洋研究でその名を知られる。ウィーン大学やノースカロライナ大学の教授を務めた。『認識の生物学　理性の系統発生史的基盤』鈴木達也、鈴木洋子、鈴木直訳（新思索社、一九九〇年）。

経済学者団体）進化経済学委員会の年次会議で発表したことがある。そのとき、マルコ・レーマン＝ヴァッフェンシュミット氏（ドレスデン工科大学）の補足や反論から多くのインスピレーションを得るとともにたいへん励まされた。それから、重要文献に関して意見をしてくれたハンス・G・ヌッツィンガー氏（カッセル大学）とハンス＝ペーター・シュトゥーダー氏（スイス、シュパイヒャー市）にもお礼を述べたい。また、ヘルダー出版社のカリン・ヴァルター氏は本書の出版プロジェクトを非常に熱心に支えて前進させてくれた。そして、カテ・ライナー氏には、英語で執筆した本書のテキストを最後の段階でドイツ語に訳すという作業に協力していただいた。これらの人々に心から感謝している。

私は現在も（幸せに）未婚のままなので、最後の謝辞を通常のように妻に贈ることができない。その代わりに、ザンクトガレンとソロトゥルンにいる長年のよき友人たちにこの感謝を捧げたい。本書でいう友情の大切さは単なる理論ではなく、生き生きとした現実である。そして、それが私個人の幸せに大きく寄与していることはまちがいない。

二〇〇六年　七月　オルテンにて

マティアス・ビンズヴァンガー

もくじ

お金と幸福のおかしな関係——トレッドミルから降りてみませんか

凡例

・本文行間の算用数字（1）（2）（3）…は訳者による脚注、および［ ］は訳注である。
・原著者による脚注は（＊1）（＊2）（＊3）…として示し、訳者による脚注と区別した。
・「 」は原則として（1）引用符に囲まれた語句、（2）原著の斜体字による強調表現、に用いた（一部傍点にかえたところもある）。
・『 』は作品や著作物を示す。
・〈 〉は新聞および雑誌を示す。
・（ ）内のドイツ語およびその和訳は訳者による補記とする。
・地名および人名は原則として原音表記を心がけたが、慣例を優先させたものもある。
・人名の索引を巻末に掲載した。

Mathias Binswanger
Die Tretmühlen des Glücks
Wir haben immer mehr und
werden nicht glücklicher. Was können wir tun?

はじめに――お金と幸福のおかしな関係

「誰もが幸せになりたいと思っている。そして、お金があれば幸せだろうと多くの人が思っている。幸せとお金はジャガイモとその塊根《かいこん》のように、つまり植物と根のように相互に関係があると思っているのだ。何とまあ、大きな勘違いであろうか！」（イェレミアス・ゴットヘルフ(1)）

経済成長にともなって平均収入が増加しつづけているにもかかわらず、先進国に住む人々の平均的な幸福度や満足度はもうずいぶん長い間にわたって停滞をつづけている。このことは本書の第1部でも取り上げるが、経験的調査によってすでに証明されていることである。

（1）（Jeremias Gotthelf, 1797～1854）スイスの作家。福音キリスト教会の牧師。一八四〇年代にはドイツでも人気を呼んだ。『黒い蜘蛛』山崎章甫訳（岩波書店、一九九五年）などがある。

しかし、事はそれだけにとどまっていない。ストレスを感じている人の数が増加の一途をたどっていることも種々のアンケート調査から明らかになっているのだ。以上のことから、ある明白な結論を導きだすことができる。つまり、人は自分で「ベストだ」と思うような生活をしていないということだ。

多くの人々は、余分な収入を得るよりも、もっと時間があったほうが幸福感を感じるようだ。たとえば、残業をして収入が増えても幸福感は上昇しないということがある調査で分かっている（＊1）にもかかわらず、多くの人々が自ら進んで残業に精を出している。その理由の多くは収入を増やしたいからだ。とすると、ここで一つ興味深い疑問が浮上してくる。別の行動を取れば幸せになれるのに、どうして人はそうしないのだろうか。

その理由は、いわゆる「トレッドミル効果」である。これが、本書の第2部の中心をなすことになる。

トレッドミルの上ではいくらでも早く走ることができるし、いくらでもベルトを早く動かすことができる。しかし、人はその場所から動くことはできない。収入を増やしてもっと幸せになろうとする努力も、これとまったく同じといえる。人々はこのような努力をすることによって金持ちにはなれるが、幸福感という面でいえば足踏みをしているだけで、「もっと幸せになりたい」という望みはいつまでたってもかなうことはない。そのことが分かっていながら、人々はこの不合理な信仰になおしがみついている。

「お金で幸せは買えない」とは、昔からよく言われてきたことである。私たちはみんな、小さいころからこのセリフを聞いて育ってきたわけだが、いまやこの古い庶民の格言を問い直すような新たな考え方が生まれた。それは、「お金があっても幸せになれないと言う人は、そのお金をどこで使えばよいのかを知らない人だ」というものである。

さて、正しいのはいったいどちらだろうか。意外にも今日では、どちらの言い分も当たっているように思える。平均的に見て、先進国の人々は収入が増加しても幸せになっていないことが幸福の研究において明らかとなっている。(＊2) でありながら、私たちはより幸せになるためにいつどこでどのようにお金を使うべきかということについてほとんど知らないのである。

しかし、問題はここで暗示されていることよりも奥深い。つまり、マルチオプション社会が発展していくと、より幸せになるために本当に必要な製品やサービス、あるいは余暇の使い方を見つけることがますます難しくなるのだ。氾濫するさまざまな可能性に興味が飛び移り、理性的に選択するだけの時間がなくなるのである。

アメリカの心理学者バリー・シュワルツ(2)は、製品やサービスの数が増えて余暇の過ごし方が豊富になり、選択という行動様式が次第に暴虐となっていく様子を『豊かさが招く不幸(The Tyranny of Choice)(3)』という論文のなかで強く訴えている。このような暴虐に目を向けさえすれば、収入が増えてもなぜ幸せになれないのか（第9章参照）ということについて少しは理解できるようになる。

さらに、製品やサービスの数は常に増えつづけているにもかかわらず、愛や成功、健康、あるいは美などといった人間を本当に幸せにしてくれそうなものは、昔と変わらず、そのほとんどをお金で買うことができない。広告に登場するのは、常に、新しい製品やセミナー、カルチャースクール、ダイエットなどによってより愛され、より大きな成功を収め、より美しくなり、より健康になる人々である。しかし、これを自分で試してもたいていの場合は完全な失敗に終わる。

「お金を使う場所を知らないこと」は、現代人にとっては死活問題なのだ。そして、このことは、かぎりない可能性を秘めている現代社会のなかではわずらわしいほどに自らの限界を再認識させてくれる。それがゆえに、収入の増加を幸福の増加へとシフトする作業は、シシユフォス(4)の仕事のようにますますもって辛くて際限のない徒労に終わるのである。

とはいえ、私たちはこのままトレッドミルにしがみついて、あくせくと働きつづけなければならないのかというとそうではない。本書の第3部では、気づかぬうちに私たちの経済的・社会的日常の一部となっているトレッドミルからの逃れ方について説明をしている。私たちは再び経済の本来の存在目的を意識するべきであり、これについては、ジョージ・バーナード・ショー[5]が「経済学とは、私たちの人生を最高にするための術《すべ》である」と言っていることからも分かる。

言い換えると、大切なのは収入を最大限に増やすことではなく、人間の幸福感や満足感、生活の質、あるいは少しだけ学術的な言い方をすれば「主観的な幸福」を最大にすることなのだ。そうでないとしたら、周知の通り、人生の最期が訪れたときに持っていくことができないお金を人はなぜ稼ぐのだろうか。

だからといって、トレッドミルから降りることはそう簡単ではない。なぜなら、トレッドミルは経済成長の駆動力でもあるからだ。この力は一方で私たちを豊かにしていることはま

（2）（Barry Schwartz, 1946～）アメリカの心理学者。ペンシルベニアにあるスワースモア・カレッジの社会理論学教授。『なぜ選ぶたびに後悔するのか―「選択の自由」の落とし穴』瑞穂のりこ訳（ランダムハウス講談社、二〇〇四年）。

（3）〈日経サイエンス〉二〇〇四年七月号に邦訳が掲載されている。

（4）ギリシャ神話中の人物。ゼウスに憎まれて、死後地獄で絶えず転がり落ちる大石を山頂へ上げる刑に処せられた。

（5）（George Bernard Shaw, 1856～1950）アイルランドの劇作家。イギリス近代演劇を確立した。一九二五年、ノーベル文学賞受賞。戯曲に『カンディダ・ウォーレン夫人の職業』市川又彦訳『シーザーとクレオパトラ』山本修二訳（ともに岩波書店、一九五三年）などがある。

ちがいないが、もう一方ではより幸せになれる生活を阻んでいる。つまり、トレッドミルがなければ経済は成長せず、経済が成長しなければ現代の国民経済は深刻な状況に陥るという、現代経済が抱える根本的なジレンマがこの背後に潜んでいるのである。本書では、この問題も追跡していきたい（第11章参照）。

経済学的な見地から見たとき、幸せな人生を実現するにあたっては二つのプロセスがある。まず初めに、幸せな生活に必要なものを揃えられるだけの収入を得なければならない。この点においては、工業国の国民はだいたいにおいてプロである。私たちは幼いころから労働社会で出世し、たくさんのお金を稼ぐために必要な能力を身につけている。しかし、残念ながらこれだけでは十分でない。

余生を送る段階になって初めてこのことを経験する。つまり、私たちは本当に幸せになるようなお金の使い方を身につけなければならないのである。この二つ目が、幸せな人生を実現するにあたって難関となっている。そして、この点において、私たちはぞっとするほどアマチュアなのである。

お金を稼ぐことにかけては抜群な知識をもっているが、その反面、その収入を幸せや満足感を得るために使うことにおいては甚だ頼りないのだ。そのために必要とされる能力――フランス語でいう「サヴォア・ヴィーヴル（Savoir - vivre）」、日本語では「楽しく豊かに生きる術」とでも言おうか——は学校では学べないのだ。

お金を稼ぐことと出世することしか考えていない人は、現実には非経済的な行動をしており、そのような行動では最高の幸福を得ることはできない。つまり、自分が使えるリソースを理想的に利用していないという意味で非効率的なのだ。個々の人間がもつ主なリソースとは、時間とお金である。目標となるのは、できるだけ幸せな人生を送るための時間とお金の理想的な配合を見つけることだろう。

というわけで、個人の幸せを問うときには、経済的な見方と心理学および哲学も交えて考慮する必要がある。大切なことは、収入の最大化ではなく、幸福の最大化および経済学者の言う「効用」の最大化という、経済本来の目的をもう一度考え直してみることだ。

本書で説く経済学的な見地は、二〇〇年以上も前にイギリスに生まれた哲学者ジェレミー・ベンサム(6)（一七八九年）の見解とほぼ符合する。ベンサムは、人は幸せな生活を追い求めるゆえ、人間全体がもっとも幸せな社会こそ最高の社会だと言っている。だが、そうしたとき、一見明白であるかに思えるこの考え方には問題が見えてくる。すなわち、一つの国に

(6)　(Jeremy Bentham, 1748～1832) イギリスの思想家。功利主義の代表者。快楽の助長、苦痛の防止をすべての道徳や立法の窮極の原理とし、「最大多数の最大幸福」の実現を説いた。

住んでいる人々が総体的に幸せであることをどうやって測るのかという問題である。

経済学者たちは答えに窮してまもなく自分たちの理論から「幸福」という概念を取り除き、その代わりに差し障りのない「効用」という概念を取り入れた。「差し障りがない」というのは、この「効用」という概念がごていねいにも測ることがまったくできないように定義されたからである。

今日、経済学の理論で使われている「効用」はいわゆる「序数的効用」と呼ばれているものので、個人のある行動を通じて生じる増減は分かるが、その量を計ることはできない。そのため、種々の資材に関する効用を単に加算することはできず、人々に関する効用も量的に比較することができないのだ。今日の標準的な経済学では、観察可能なのは個人の効用を最大化したときの影響のみだと仮定している。

ということは、合理的な行動をとればその人は最良の行動をとっているということになる。そして、合理的な行動をとらなければ、それは非合理的な行動だということになる。この非合理的な行動には、ほとんどの経済学者がつい最近まで関与したがらなかったが、最近の経済調査では、ある程度の非合理性を容認しなければ人間の行動は理解できないということも分かっている。

しかし、現実の経済や政治の世界では、測ることもできず、また人を感動させる力にも乏しい経済学の効用という概念はあまりうまく活用されていない。この分野の関心の的は今でも国内総生産（ＧＤＰ）の成長であって、ベンサムが考えたような人間の幸福ではない。だが、経済成長が私たちをより幸せにしてくれないのであれば、成長を求める一方的な経済活動を行ってもまったく意味がないことになる。経済学の理論では、成長は一つの方法であって目的ではない。しかし、現実にはこの方法が目的になってしまってからすでに久しく、今日では、経済的な問題提起においてはもはや誰も「幸せな生活」というものを取り上げなくなっている。

いつの時代にも、のちの人間がほとんど理解できないような独特のとっぴな現象が生まれている[＊3]。今の私たちには、ロシアやほかの東欧諸国の人々がどうして一〇〇年以上にもわたって自分たちの生活を台無しにしつづけてこられたのかが不思議でならない。教会と国家司法権が長い間にわたって不安や恐怖を駆り立ててきた宗教裁判や魔女の火あぶりともなれば、まったく理解不可能となる。

だが、少し慎重に考えてみよう。のちの世代の人たちも、もしかしたら現在の社会に生きる人々は未聞の豊かさに恵まれていたにもかかわらず、どうしてそれを楽しまずに、さらにストレスをかけてばかりいたのかと問うかもしれないのだ。

二〇〇〇年近く前、裕福だったローマ帝国は、国民が文字通り死ぬまで楽しんだために退廃した。「ヴォミトリウム（vomitorium）」という「嘔吐室」で、人々はのどに指を突っ込んで今食べたばかりのご馳走を吐きだしてはまた別のご馳走に手を伸ばしつづけた。昔のローマ人たちは、常に倒錯的で、もっと手の込んだ方法を編みだしてその豊かさを浪費したのである。

しかし、この退廃プロセスは少なくとも楽しみにかかわるものであり、疑問は残るにしてもある種の喜びと結びついていた。だが、今日の工業国では、これよりまったく魅力のないパターンで退廃していく可能性がある。それに対して、行動を起こす価値は絶対にある。

第1部

収入と幸福の関係
——経験的研究が語ること

順境とは、貧困生活から不満に満ちた生活への過渡期をいう。（ヘルマー・ナール(*)）

（＊）（Helmar Nahr, 1931〜1990）ドイツの数学者、経済学者、実業家。数多くの名言を残した。

第1章

幸福とは何であり、どうやって測るのか

収入と幸福感の関係について述べるとき、まず幸福という概念の意味するところをはっきりさせ、次にその幸福をなんとかして測らねばならない。

一つ目の問題に関しては、ここではあまり深く考えないことにしたい。なぜなら、幸福の厳密な意味を問えば問うほど、この概念はあいまいで多面的になっていくからだ。心理学者のトーマス・サース(1)は、かつて次のように表現した(＊1)。

「幸福とは、架空の状態にすぎない。その昔、生きている人々は死んだら幸福になるのだと想像していた。現在では一般に、大人は子どもが、そして子どもは大人が幸せなのだろうと思っている」

つまり、本当に幸せなのは常に別の人間だったり、真の幸福というものはほかの場所でしか得られないものと考えているのである。ロマン派詩人のゲオルク＝フィリップ・シュミット(2)の作品で、フランツ・シューベルト(3)が曲をつけた『さすらい人』においても次のように読

まれている。

「おまえのいないところ、そこに幸いがある」

幸福の定義を試みた多くの哲学者も、それがために自らが少しばかり幸せでなくなった。そのなかの一人が、のちにエコノミストとして名を馳せたジョン・スチュアート・ミル(4)（前述のジェレミー・ベンサムの門弟）である。幸福という問題は、彼を絶望に追い込んだ。なぜなら、彼はさまざまな形態の幸福について、道徳的な面も考慮しなければならないと考えたからである。そして最終的に、「満足なブタでいるよりも不満を抱いたソクラテス(5)のほう

（1）（Thomas Szasz, 1920〜）ハンガリー生まれのアメリカの心理学者。反精神医学運動を起こした一人。

（2）（Georg Phillipp Schmid, 1766〜1849）ドイツの詩人。ペンネームを「シュミット・フォン・リューベック」という。

（3）（Franz Schubert, 1797〜1828）オーストリアの作曲家。数多くの歌曲集を残した。代表作に『魔王』『野ばら』『アヴェ・マリア』などがある。

（4）（John Stuart Mill, 1806〜1873）イギリスの哲学者、経済学者。ベンサムに師事したジェームス・ミルの息子。著書に『経済学原理』末永茂喜訳（岩波書店、一九六五年）などがある。

（5）（Sokrates, BC469頃〜BC399）古代ギリシャの哲学者。半生を市民の道徳意識の改革に捧げた。著書はなく、その教説は弟子プラトンらによって叙述された。

がよい」という結論に達した。つまり、幸せなブタからなる社会よりも、不満が多く、よって不幸な哲学者だらけの社会のほうがよいということになったのである。

しょせん、幸せなブタは発展に貢献することはあまりなく、よって人々の末永い幸福にもあまり役に立つものではない。かといって、不満な哲学者の群れもそのうち市民から疎まれだすかもしれない。気難しい哲学者などという人種は、普段あまりお目にかかりたくない存在だし、彼らに対して堪忍袋の尾が切れることも稀ではない。それならやはり、人間の精神史をほとんど前進させることがなくとも満足なブタたちのほうがいいのかもしれない。

しかし、「真の幸福」とは、幸福という概念にまつわる多くの未解明の問題の一つでしかないだろう。たとえば、躁鬱病の人が幸せを感じるときの状態と、常に平静で、あまり感情的にならない人が幸せだと感じる状態をどのように比較すべきかという問題がある。躁鬱病では、「天高く歓呼し、死ぬほど悲しい」思いをする。最高の幸福状態と最悪の鬱が交互にやって来るのである。その一方で、ほとんど感情に揺れのない人がいる。恍惚の瞬間を感じることもない代わりに鬱に陥ることもない。さて、この両者のうち、より幸福なのはどちらだろう。

私たちは、これに対する明確な答えもやはり知らない。紀元前三〇〇年のころ、エピクロス学派[6]の哲学者たちは、痛みや鬱を避けることが人生に満足するための王道だと考えていた。

これには、取りも直さず感情の安定している人のほうが有利である。しかし、それから約二〇〇〇年後、フリードリヒ・ニーチェ(7)は『ツァラトゥストラはかく語りき』のなかで、極限の幸福状態の追求がもっとも大切な目的であるべきだ、と語った。

この問題については哲学者に任せるとして、本書では、収入がどれほど人々の幸福に影響を与えるのか、またなぜ影響を与えるのかということだけに集中したい。社会を構成している多数派が躁鬱病患者であるか、感情の起伏が少ない人か、不満の絶えない哲学者か、はたまた満足なブタであるかは無関係である。ここでは実質的に、幸せを感じている人はほかにどんな解釈をすることもなくただ幸せだと思う、ということにしたい(*2)。

現代心理学は、幸福を二つの構成要素に分けている。一つは、自己存在に対する長期の一般的な満足度(ベースライン・ハピネス)で、人生の総合的な査定にかかわるものである。もう一つは、そのときそのときに感じる幸福や不幸(アフェクティブ・ステータス)(*3)で、これはその折々の状況によって変化する。幸福と収入の関係を分析するには、この両方の構成

(6) ギリシャの唯物論哲学者エピクロスの教説を支持する流れ。エピクロス(BC341頃～BC270頃)は、哲学の目的は迷信や死の恐怖を脱却した平静な心境(アタラクシア)にあるとした。

(7) (Friedrich Nietzsche, 1844～1900) ドイツの哲学者。実存主義の先駆者。著書に『ツァラトゥストラはかく語りき』竹山道雄訳(新潮社、一九五三年)『善悪の彼岸』竹山道雄訳(新潮社、一九五四年)などがある。

要素を欠くことができない。収入が増えれば、生活に対する満足度も幸福を感じる瞬間も増える。というわけで、以下で幸福というときには、常にこの二つの意味合いを含んでいると理解していただきたい。

とはいえ、そもそも幸福を測ることはできるのだろうか。一番簡単なのは、温度計で温度を測るように人間の幸福状況を器械で客観的に測ることである。たとえば、脳内電流や特定の脳内物質濃度、心拍数、肌の湿度などを測り、コンピュータプログラムで客観的な幸福度をはじきだす方法である。

イギリスのエコノミストであるフランシス・イシドロ・エッジワース(8)は、一八八一年、そのような器械を夢見て、それを「ヘドノメーター（Hedonometer）」と名づけた。残念ながら、この器械は私たちが期待するようには進歩しなかった。つまり、今日に至るまでヘドノメーターは存在しないのである。

というわけで、幸福の研究者はその時々の幸福状態を人々に問うしかないのだが、その場合の答えは、どうしても主観的な自己評価とならざるを得ない。しかし、自分の幸福度を測るのは意外に難しい。路上で、いきなり誰かから次のように質問されたらどうだろうか。

「最近のあなたの全般的な生活はどんな感じですか？　①とても幸せ。②かなり幸せ。③あまり幸せではない」

この質問は、人々の平均的な幸福感を複数の国で長年調査しつづけている「総合的社会調査（General Social Survey）」のなかで実際に行われているものだ。また、以下のような質問を受けたらどうだろう。

「今現在の生活を総合的に見たとき、あなたの満足度は『1（不満足）』から『10（大満足）』までのどれにあたりますか？」

これは、さまざまな国の人々の幸福感を比較する「世界価値観調査（World Values Survey）」のなかに見られる質問である。正直なところ、このような質問をされたら私はかなり困ってしまう。

果たして自分が幸せなのかどうかは、ほとんどの人が自分でも分からないはずだ。病院からちょうど出てきたばかりの人がいて、癌の疑いが晴れたことを知らされたばかりであれば、その人は幸せを感じているはずだ。しかし、結果がその反対で、癌が確認されてしまったらその人が幸せとはとても言い難い。同じ一人の人であっても、その状況によって答えはまったく変わってくる。このような答えはそのときの状況に左右され、それが顕著に現れるのが

（8）（Francis Ysidro Edgeworth, 1845～1926）イギリスの経済学者。アイルランド生まれ。数学を経済学や社会科学に応用した。

常である（統計のゆがみ）。つまり、個々の人間の幸福度を質問によって客観的にとらえる方法はないのである。

ただし、たいへん不利なように思えるこの事実も、実は幸福の研究にとってはそれほど打撃となるものではない。個々の人間の幸福度に対する答えはもちろん慎重に受け取るべきだが、十分な数の人々に同じ質問を繰り返せば、平均的な幸福感についてそれなりの妥当な結果を得ることができるのだ。(*4) なぜなら、自分の幸福度について答えるときに生じる「誤り」は、十分な数の人間に質問をすればほとんど相殺されるからである。

先の例でいえば、医師から良い検査結果を聞いた人と悪い検査結果を聞いた人の数はほぼ同数に落ち着き、検査結果は質問によって得た平均的な幸福感に何の影響も与えなくなる。躁鬱病の人の例をもう一度挙げると、大勢の人に質問をした場合、躁鬱病の人のなかでは鬱期にいる人と躁期にいる人の数はだいたい同じくらいになるので、このような感情の変動もまた相殺されることになる。

ただし、幸福について質問をするときには注意をしなければならない点もある。心理学者のデヴィッド・マイヤーズが(9)「人々は明かるすぎる」と言っているように、人は自分の幸福状況を実際よりも高く評価する傾向にあるのだ。たとえば、スイスで行われた最近の調査では、国民の四二パーセントが「生活にとても満足している」と答えている。それに反して、「不満足」と答えた人はわずか一五パーセントにすぎない。この結果だけを見れば、スイスとは特別上機嫌の人々が住んでいる国で、ここでは会う人みんなが満足げな顔をしていると思われるだろう。

読者のみなさんのなかで、スイスで朝、会社や学校などへ向かう人々が行き交う駅の様子を観察したことのある人はいるだろうか。その光景をご存じの方は、このアンケート調査の結果に疑問を抱かれたことだろう。なぜなら、そこでは幸福感は言わずもがな、満足感を放っている人を見かけることすらほとんどないのだ。どちらかというとスイス人は、たった今親戚の葬式から帰ったばかりで、しかも相続するものは何もないと聞かされたような顔をしている。ひょっとしたらほかの駅は違うかもしれないと足を延ばしてみても、「とても満足している」という四三パーセントのスイス人に出会うことはまずない。

スイス人は、アンケートで幸福度をオーバーに表現するという特殊な癖をもった国民である。アンケートによると、スイス人は世界でもとくに幸せな国民である（第2章参照）。だが、スイス人を知っている人は、彼らが特別快活で陽気だとは誰一人思わないだろう。複数の著

（9）（David Myers, 1942～）アメリカの社会心理学者。ミシガン州ホープ大学の心理学教授を務める。著書多数。

名な幸福研究者が繰り返し述べているように、幸福に関するアンケートの結果は全体的に上方修正されているのである。(＊5)

なぜこうなるかという理由は二つある。

人々が幸せだと言うのは、まずそれを周囲が期待しており、また自分も幸せであることを期待しているからである。ほとんどの場合、人は幸せな人生に必要なものをすべて持ち合わせている。いい仕事、お気に入りのマイホームやマンション、中の上クラスのマイカー、学校の成績がまずまずの子どもたち、それに夫婦関係もある程度安定している。こんな生活をしているのに、「まあまあ」だとか「まったく不満足」などとどうして言えようか。ましてや、自決権をもつ優秀で卓越した、そしてそれゆえにもちろん幸せな男女しかいなくなりつつあるようなスイスの社会ではなおさらのことである。

過大評価の二番目の理由は、アンケートのやり方そのものにある。「とても幸せ」、「かなり幸せ」、あるいは「あまり幸せではない」といった項目のなかから一つを選ぶとき、ほとんどの人は「かなり幸せ」を選ぶものだ。また、満足度を「1（不満足）」から「4（とても満足）」に当てはめるのであれば、ほとんどの人は「3」を選ぶのである。人は概して、最高の度合いより少し下のレベルを選ぶ傾向にある。プラスの領域（幸せ、満足）にいたいが、誇張して迷わずに最高を選ぶのもはばかられる。このような選択は、答える側の実際の状況とはあまり関係がない。選択したレベルは「こうあるべき」レベルとして見られており、現状のレベルとしては考えていないのである（＊6）。

　とはいえ、一つの国の平均幸福度を数年かけて比較するときには、このような幸福度の一般的な過剰評価も問題にはならない。人々が自らの幸福度を常に同じ度合いで過剰評価をすれば、人々が全体的により幸せに、あるいは不幸になったのかを知ることができるからだ。ただし、異なる国家間で国民の幸福度を比較するときにはもう少し慎重を要することになる（第２章参照）。

　ここでは、以下のことを心に留めておこう。個々の人間に関しては、アンケートで得られた幸福度にあまり意味はないが、大勢の人にアンケートを行えばある程度適切な国民の幸福度の全体図が得られる。そして、その際には、全体的に上方修正がなされるが、時間とともに幸福度がどのように変化するかということが関心の対象となっているときにはそれもあまり重要ではないということだ。ここで問われるのは、ある一年を対象とした絶対的な幸福度ではなく、数年間にわたる相対的な比較である。本書は主に、そのような幸福度の相対的な比較を調査した経験的研究に基づいている。

第2章 富裕国に住む人々は貧困国の人々よりも幸せか

各国の国民は、それぞれどのくらい幸せなのだろうか。幸福に関してもっともよく知られている経験的調査として、いろいろな国に住む人々の平均的な幸福感を相互比較したアンケート調査を挙げることができる。このようなアンケート調査の分野でリードしているのはいわゆる「世界価値観調査（World Values Survey）」(＊1)で、現在八二か国のデータを所有している。

図1は、各国の国民一人当たりの平均年収（購買力平価を考慮）と幸福感の関係を示したものである。そして、自分の生活に幸せや満足を感じている人の割合が表されている。

この図が表していることは一見して明らかである。貧しい国では収入が上がれば平均的な幸福感もすぐに上昇するが、一人当たりの収入が約一万五〇〇〇ドルを超えると、その後は収入がいくら増えても幸福感は上がらないということである。たとえば、平均収入が三万ドルのアメリカ人の幸福感は、平均収入が五〇〇〇ドルに達しないウクライナやペルーの人々に比べるとずっと高い。しかし、収入が一万五〇〇〇ドルの台湾や韓国の人々と比較するとそれほど変わりがない。

図１　幸福と収入の国家間比較

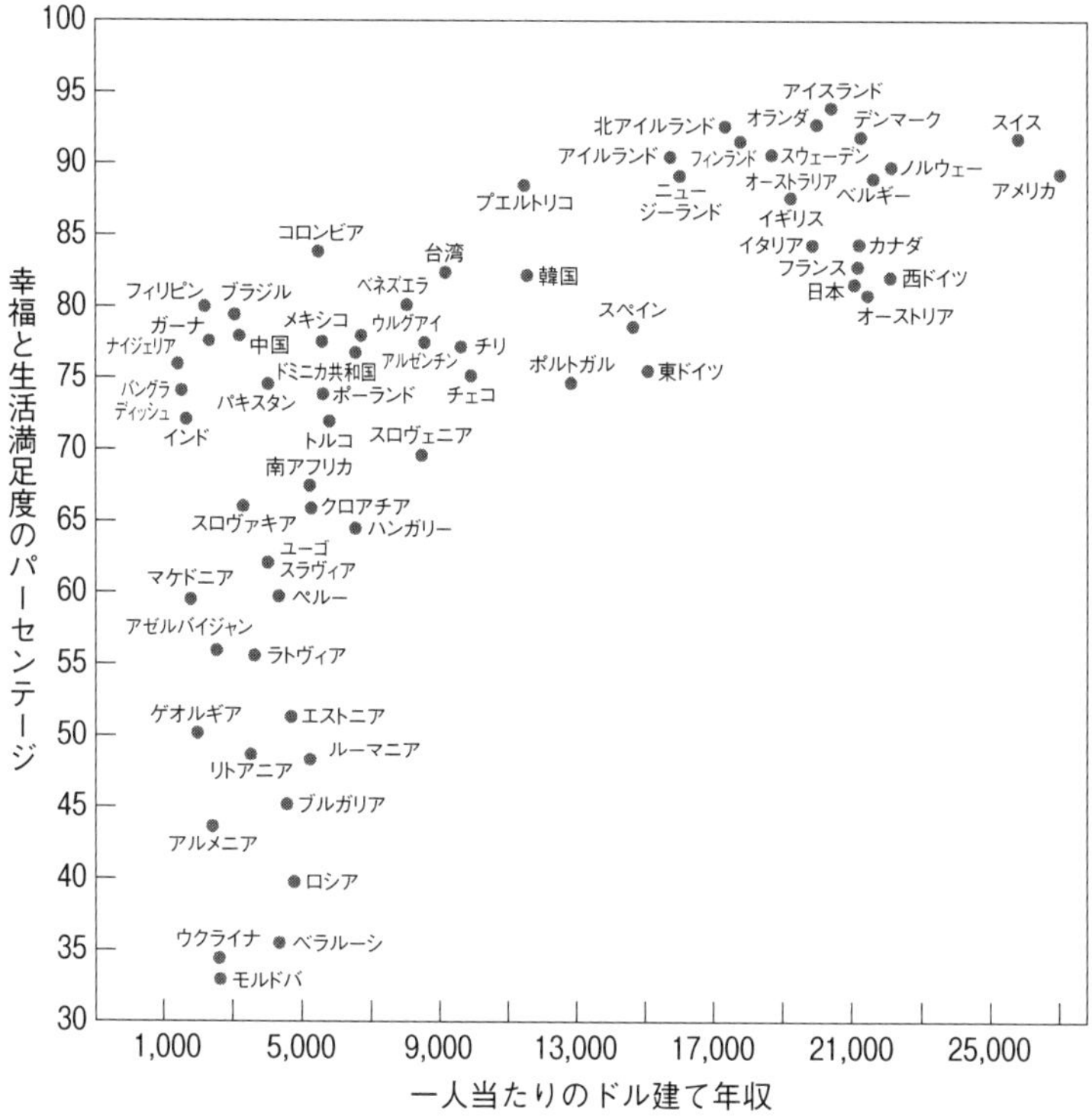
幸福と生活満足度のパーセンテージ
100
95
90
85
80
75
70
65
60
55
50
45
40
35
30
1,000
5,000
9,000
13,000
17,000
21,000
25,000
一人当たりのドル建て年収
アイスランド
北アイルランド
オランダ
デンマーク
スイス
アイルランド
フィンランド
スウェーデン
ノルウェー
プエルトリコ
ニュージーランド
オーストラリア
ベルギー
アメリカ
イギリス
コロンビア
台湾
イタリア
カナダ
ベネズエラ
韓国
フランス
西ドイツ
日本
フィリピン
ブラジル
スペイン
オーストリア
ガーナ
メキシコ
ウルグアイ
ナイジェリア
中国
アルゼンチン
チリ
ポルトガル
東ドイツ
ドミニカ共和国
バングラディッシュ
パキスタン
ポーランド
チェコ
インド
トルコ
スロヴェニア
南アフリカ
スロヴァキア
クロアチア
ハンガリー
ユーゴスラヴィア
マケドニア
ペルー
アゼルバイジャン
ラトヴィア
ゲオルギア
エストニア
リトアニア
ルーマニア
ブルガリア
アルメニア
ロシア
ウクライナ
ベラルーシ
モルドバ

「世界価値観調査」のうわべしか見ていないと、「貧困国に住む貧しい人々は収入があれば幸せになる」という結論に簡単に陥ってしまう。しかし、一人当たりの平均収入が一万五〇〇〇ドルを超えるとこの結論は通用しなくなる。つまり、収入の増加は平均的な幸福感の向上にはつながらないのである。「世界価値観調査」に携わっている社会学者のロナルド・イングルハート[1]は、このような解釈にのっとった説明を行っている。

　貧しい国々では、まず基本的な欲求が満たされなければならない。腹が満たされず、みすぼらしい小屋で露命《ろめい》をつないでいるうちは、収入の増加は人生における幸福感に決定的な影響を与える。しかし、基本的な欲求が満たされてラインとなる一線を越えると、イングルハートが「ライフスタイル・イシュー」と呼ぶほかの事柄が重要となってくる。つまり、もはや「満腹感」が問題なのではなく、「ヌーヴェル・キュイジーヌ（新しいフランス料理）」や「健康食品」に関心がいくようになるのである。

　そして、この一線に達するとトレッドミル効果もまた目立つようになる。これに関しては第2部で詳しく述べたい。

　イングルハートの説明はそれなりに納得のできるものであるが、疑問もいくつか残る。事がそれほど簡単であるのなら、この章はこれで終わりにして話をすぐにトレッドミルに移すこともできるが、現実はもう少し複雑である。

まず、明らかな地理的な影響がうかがえる。同じ収入で見た場合、ラテンアメリカ諸国の人々は旧東欧諸国の人々よりも幸福感が高い。つまり、いわばラテン系幸福因子なるものと東欧諸国メランコリー因子なるものが存在するのである。

ラテンアメリカやカリブ海に行ったことがある人は、これらの国の幸福度が比較的高いと聞いてもそれほど驚かないだろう。たとえば、コロンビア人は、平均収入がかなり少ないにもかかわらずドイツやオーストリアの人々よりも平均的に幸せだ。暖かい気候、サルサやサンバ、そしてのんびりとした生活などがプラスの影響を与えているのだろう。一方、旧東欧諸国のとくに幸福度の低い国々では、寒冷な気候や共産主義による数十年に及ぶフラストレーション、そして、ひょっとしたら過度ともいえるウォッカの消費量も何らかの影響を与えているのかもしれない。

結局、旧東欧諸国の人々は、たとえ収入が急上昇してもラテン系の人々のような幸福感を味わうことは難しいのではないだろうか。

（1）（Ronald Inglehart, 1934〜）アメリカの政治学者。ミシガン大学の教授を務める。価値感は移行するという説で有名になった。著書に『静かな革命―政治意識と行動様式の変化』三宅一郎訳（東洋経済新報社、一九七八年）がある。

収入は、国家間の幸福度の差異を生みだす理由の一つでしかない。また、幸福がどこの国でも同じだとはかぎらない。さまざまな文化によってさまざまな幸福がつくりだされてきたし、ジンバブエの幸福感がアメリカの幸福感と果たして同じかどうかは定かではないのである。

二つ目に、経験的研究によく見られることだが、各国の収入と幸福の比較ではその方法に根本的な問題がある。

図1をもう一度ご覧になっていただきたい。富裕国の幸福度は限界値に近くなっていき、およそ九〇パーセントの人々が幸せ、もしくは満足している状態となっている。だが、これは驚くことではない。ここでは、基本的に許容できない比較が行われているのである。つまり、上限なしにいくらでも伸びるもの（一人当たりの収入）と、最高「100」という上限つきの幸せな人間の割合が比較されているのである。

一度でも満足したり、とても幸せに感じたりすると、それ以上満足度や幸福度が上がることはない。なぜなら、「飛び切り幸せだ」とか「きわめつけに幸せだ」とかいうカテゴリーは存在しないからだ。幸福度がすでに九〇パーセントあたりの閾値《しきいち》にある国々では、**図1**のような収入と幸福の国家比較はもうほとんど意味をもたないのである。

ゆえに、富裕国同士の間に見られる幸福度のわずかな差から何かを読み取ろうとすることはやめたほうがよい。たとえば、スイスの幸福度が高いからといって、即、スイス人はドイツやフランスの人よりも幸せなのだと決めつけてはならないのである。

このテーマに関するほかの調査では、スイスは政治的に中立であるだけではなく、人々の感情もまた「中立」であることが明らかになっている。(＊2) 国際的な比較によると、スイス国民は喜びであれ痛みであれ、あるいは怒りや不安であれ、日本人と同じくとくに感情を表に出さない国民なのだ。

というわけで、スイス人の本当の幸福感を突き止めたいのであれば、幸福に関するアンケートの結果よりもその心理を探る活動がより必要となる。

第3章　経済成長とともに人々はより幸せになったのか

国家比較以外にも、国民の平均的な幸福感の推移を調べる調査は各国で多々行われている(＊1)。そのデータがもっとも多いのはアメリカと日本で、この両国では第二次世界大戦のころからすでに幸福に関するアンケートが行われていた。そして、その結果はといえば両国ともまったく同じなのである。

アメリカでは、第二次世界大戦以降、一人当たりの実質国内総生産が三倍に増加したが、国民の幸福感はまったく変わっていない。一九四六年以来ずっと、アメリカの国民の三割が「とても幸せ」だと答えており(**図2**参照)、「1」から「10」までの満足度では常に「7」を少し上回るくらいである。

日本の場合はもっと極端だ。この国の国民総生産は、第二次世界大戦以降なんと六倍も増加した。それなのに、幸福度はまったく伸びていないのである。

一九七〇年代初頭以降のデータをもつ欧州諸国でもこの構図は変わらない。上がる平均収入、一定の幸福――第二次世界大戦以後は物質的な豊かさがかなり上昇したのだが、その増

図2　アメリカの幸福と豊かさ(＊2)

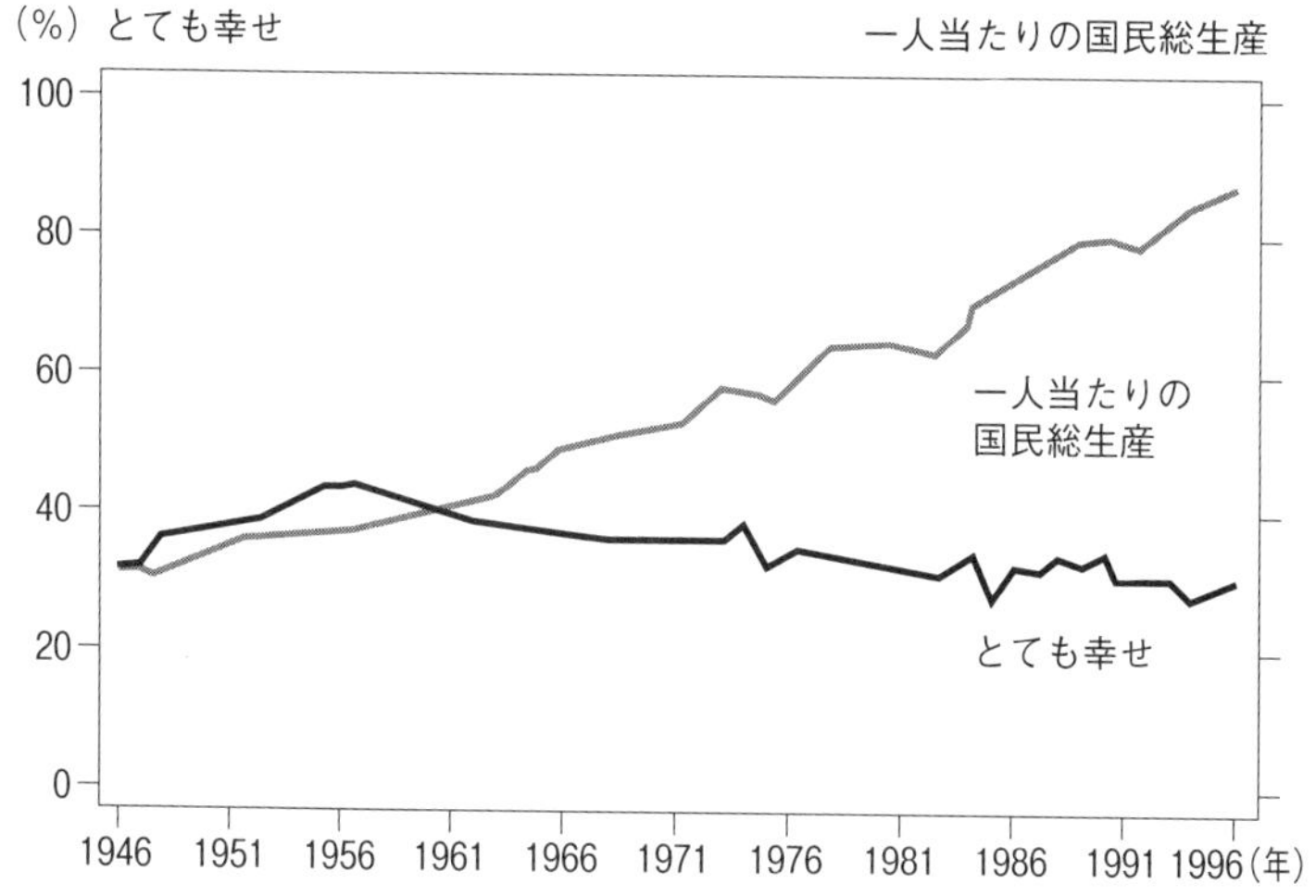

加は人がより幸せになるための助けとはなっていないのである。

アメリカの経済学者であるリチャード・イースターリン(＊3)(1)は、経済学の見地から行う幸福研究のパイオニアの一人であり、彼の所有するデータはさらに多くのことを語っている。アメリカで行われた彼の研究によると、平均的な幸福感だけでなく、各世代のライフサイクルに対する幸福感もまた停滞している。とくに、一九五〇年代や一九六〇年代には生活がずいぶん豊かになったが、一九五〇年代の初めに貧しかった人は、その後豊かな生活を送るようになったからといって幸せになったわけではなく、幸福感に関していえばその場で足踏みをしている。

この幸福感の停滞は社会の各階級にも見られる。アメリカのデータでは、性や肌の色、教育レベルに違いがあっても結果は同じである。(＊4) また、工業諸国でも、経済の発展にともなう平均的な幸福感の上昇は見られない。マイカー、マイホーム、テレビ、冷蔵庫、そしてカリブ海でのバカンスもインターネットも、人々をより幸福にすることはできなかったのである。

（1）（Richard Easterlin, 1926〜）アメリカの経済学者。南カリフォルニア大学の教授。現実世界の諸条件を改善することが研究のベースとなっている。

第4章 金持ちは貧乏人より幸せか

このような結果を見ると、つい、お金があっても本当に幸せにはなれないのだと結論づけてしまうが、一般的にはそうとは言えない。なぜなら、国民の平均的な幸福感ではなく、一定期間にある国の金持ちが貧しい人よりも幸せかどうかを調べた経験的調査もあり[*1]、それによると、金持ちのほうが貧しい人よりも実際に幸せだったのである。

表1は、一九九四年のアメリカの状況を示したものである。幸せと収入の関係を表すために国民を複数の収入クラスに分け、さらに総合的な社会調査アンケートによる平均的な幸福感をクラスごとに算出した。

平均的な幸福感は、「非常に幸福」を「4」、「かなり幸福」を「2」、「あまり幸福ではない」を「0」とし、選んだ幸福度に値する数値をもとにして計算した[*2]。

表1に記されている数値からは、アメリカの裕福な世帯の人々は貧しい世帯の人々よりも幸福であることが明らかである。「非常に幸福」という人々の割合は、最低収入クラスの一

表１　1994年のアメリカの収入クラス別による幸福と収入の関係

世帯の総収入(ドル)	非常に幸福(%)	かなり幸福(%)	あまり幸福ではない(%)	幸福ランキングの平均
全収入クラスの平均	28	60	12	2.4
10,000以下	16	62	23	1.8
10,000 ～ 20,000	21	64	15	2.1
20,000 ～ 30,000	27	61	12	2.3
30,000 ～ 40,000	31	61	8	2.5
40,000 ～ 50,000	31	59	10	2.4
50,000 ～ 75,000	36	58	7	2.6
75,000以上	44	49	6	2.8

六パーセントから最高クラスの四四パーセントまで、クラスが上がるたびに増加している。逆に、「あまり幸福ではない」という人の割合は、二三パーセントから六パーセントへと減少している。

また、表中の幸福度ランキングの数字は、貧しいクラスから裕福なクラスへ行くにしたがって明らかに上がっていく。ただし、中間の収入クラスではそれほど差がなく、二万五〇〇〇ドルの収入がある家庭も四万五〇〇〇ドルの収入がある家庭もほとんど同じくらい幸せだと感じている。

何も、アメリカが特別な例なのではない。欧州連合（ＥＵ）に加盟している国の世帯を四つの収入カテゴリーに分けた「ユーロバロメーター調査」というものがあり、そのデータをまとめたものでも最高収入クラスの八八パーセントが「非常に満足」か「まあまあ満足」を選んでいる。

一方、最低収入クラスのそれはわずか六六パーセントにすぎない。(＊3) そして、国そのものが裕福なスイスでも、生活に満足していない人々の割合は収入が増えるにしたがって減少している。(＊4) ということは、やはり人はお金があることで幸せになれるのではないだろうか。

このように種々の研究結果を比較してみると、まず現れてくるのは矛盾である。一方では収入が上がっても国民全体の平均的な幸福感は停滞しており、もう一方では金持ちは貧しい人よりも幸福なのだ。

しかし、この矛盾は、実際には二つの異なる事情から生じているものであり、すぐに解決することができる。個人、あるいは個々の収入グループにとって良いことが、すべての人にとっても良いことだとはかぎらないのだ。収入の増加によって誰かがより幸せになっても、国民全員が同じようにより幸せになるとはかぎらないのである。ほかの研究と同様、幸福研究においても、このような普遍化という誤った推論をしないように注意をしなければならない。

簡単な例を一つ挙げよう。

サッカーの試合で、観客全員がスタンドに座ってその試合の行方を注意深く追っているとき、ゴール近くで手に汗を握るシーンが展開された。だが、そのゴールは観客席から少し離れている。そんなとき、もっとよく見えるようにと立ち上がる人も出てくるだろう。それによって彼自身の視界はよくなるのだが、このメリットはそう長くはつづかない。なぜなら、すぐにうしろの観客から「座れ！」と大声で言われるか、うしろの人も同じように立ち上がるからだ。

二つ目のケースでは、観客全員が立ち上がって「総立ち」という新しいシチュエーションが生まれる。そうなると、ここで得をする人はいなくなってしまう。観客はみんな、座っていたときと同じ程度にしか試合を観戦することができなくなってしまう。最初に立ち上がった人にとってほんの少しの間だけ有利だったことは、観客全員から見ればまったくメリットにはなっていない。それどころか、立つという行為は長い目で見ると決して快適とはいえず、しばらくするとその行為のデメリットを足で感じ取ることになるだろう。

収入と幸福の関係は、このサッカー観戦の場合と非常によく似ている。誰か一人がほかの人よりも多くのお金を稼げば、その人の収入はほかを凌駕して周りよりも金持ちになってその社会における彼のポジションも上がるが、サッカーの観客と同じく、社会のほかの人たちは彼よりも貧しくなってしまったために全体の状況が悪化する。よって、自分ももっと稼ごうとよりいっそう働く人も出てくるはずである。

ところが、全員がほかの人よりも裕福になるということなどは絶対にない。これは、人生における悲しい事実である。収入が絶対的に増加しても、あるいはより裕福になろうといくらあくせく働いても、国民の何割かは必ず貧しいまま（平均以下）なのである。

というわけで、人々の幸福がほかの人と比べた収入に左右されるかぎり、さまざまな経験的研究に矛盾はない。ある国の国民が揃って金持ちになっても、比較をすると何割かの国民はやはりほかに比べて貧しいために不幸せなのだ。つまり、国民全体がお金で幸せになることはない。しかし、個々の人間が金持ちになると、それによって社会におけるポジションが変わり、その人個人の幸福感は上昇する。要するに、ほかの人々がその人よりも貧しいうちはお金によって個人が幸せになることは可能なのだ。

このテーマについては、「ステータス・トレッドミル」について述べる第7章でさらに詳しく追究したい。

第5章

金持ちは幸せになれる行動をよりたくさん行えるか

さて、それではもう一歩踏み込んで、どのような行動が実際に私たちを幸せにするのか、あるいはどのような行動が幸せを損なうことになるのかについて考えてみよう。このことが分かれば、収入の増加とともに幸せになれる行動に使う時間が増えるのか、また不満を生じさせる活動のために使う時間が減少するのかを確認することもできるはずである。もしそうでないのならば、「収入が増加しても平均的な幸福感は一定に保たれる」という事実に対する一つの説明を得たことになる。

そうは言っても、人々を本当に幸せにする行動を探しだすことはそれほど簡単なことではない。ぱっと思いつくのは、「何をやるのが好きで、何をやりたくないか」と直接人々に聞いてみることであるが、残念ながらこのやり方では説得力のある答えを導きだすことはできない。なぜなら、人々の行動というものは、実際に行っているときとそれを思い起こしたときとでは評価がかなり違うからだ。

よく知られている例が休暇である。あとから思い出すとどの休暇もすばらしい体験であり、バカンスの間中ずっと不幸だったと嘆く人はごくわずかである。だが、休暇の真っ最中にはそれほどすばらしいと感じることはあまりない。外は気絶しそうなほど暑く、食べ慣れない食事で胃は不調、ホテルの部屋は騒音がうるさく、地元の人間にはおかしな商品やサービスでしょっちゅう煩わされる。せっかくのロマンチックな月夜も蚊に悩まされ、ほとんどの休暇はただもうひたすら退屈なだけである。しかし、これらすべても家に帰ったとたんにころっと忘れ、たとえそれがバカンス中のほんの一瞬でしかなかったとしても覚えているのはもはやハイライトばかりである(＊1)。

このように、嫌なことを忘れてしまえば全体としては私たちの幸福感にプラスに働くが、それが認識を歪めているのもまた事実である。

さまざまな行動に潜んでいる幸福感のもとを比較するときは、とくに感情、たとえば何かを行っている瞬間に感じる感情が重要となる。そのため、ダニエル・カーネマン(1)やミハイ・チクセントミハイ(2)などの著名な幸福研究家は、一瞬一瞬に感じた幸福や不幸の感情を調べる

（1）（Daniel Kahneman, 1934〜）アメリカの幸福研究家、行動経済学者。プロスペクト理論などで知られ、二〇〇二年にノーベル経済学賞を受賞した。プリンストン大学教授。

（2）（Mihaly Csikszentmihalyi, 1934〜）幸福研究家、心理学者。ハンガリー生まれ。著書『フロー体験　喜びの現象学』今村浩明訳（世界思想社、一九九六年）が有名。

方法を開発しようとこれまでにさまざまな努力をしてきた。カーネマンによると、大切なのは人々のいわゆる「経験したよい状況（experienced well - being）」を把握することで、これは質問によって調査をする、いわゆる「査定したよい状況（evaluated well - being）」とは異なる。[＊2] この分野の草分け的な調査はカーネマンとその仲間が行ったもので、二〇〇四年にアメリカの経済誌〈アメリカン・エコノミック・レビュー（American Economic Review）〉で発表された。

この調査では、カーネマンを中心とした学者たちがテキサスで働く女性たち一〇〇〇人の日常を詳しく観察した。これらの女性たちはしかるべき報酬をもらっていたこともあって、おとなしく観察されるに任せていた。女性たちの平均年齢は三八歳で、平均的な世帯収入はおよそ五万四七〇〇ドル［約五四〇万円］である。毎日のさまざまな行動のなかで感じる感情を調べるため、映画を観ているかのように前の日を「食事」や「仕事」といったエピソードに分けさせた。ほぼ全員が一日に一五のエピソードを経験しており、各自にそれについてそれぞれ感じた感情を説明してもらった。少々意外な結果が出たが、それらをまとめたのが**表2**である。

表2を見れば、もっとも快適な行動も、もっとも不快な行動も明らかである。もっとも快適な行動は何と言っても「セックス」で、ほかの行動はその足元にも及ばない。ただし、調

表２　様々な行動における幸福感（＊3）

行動	幸福インデックス	行動に費やした平均時間（時間）	行動を実行した女性の割合（％）
セックス	4.7	0.2	11
友人との集まり	4.1	1.1	49
夕食	4.0	0.8	65
リラックス	3.9	2.2	77
昼食	3.9	0.6	57
フィットネス	3.8	0.2	16
教会／お祈り／瞑想	3.8	0.5	23
テレビ	3.6	2.2	75
電話	3.5	0.9	43
昼寝	3.3	0.9	43
料理	3.2	1.1	62
ショッピング	3.2	0.4	30
コンピュータ／Ｅメール／インターネット	3.1	0.5	23
家事	3.0	1.1	49
職場からの帰宅	2.8	0.6	62
有償の仕事	2.7	6.9	100
出勤	2.0	0.4	61

査が行われた日に、実際にセックスをした女性はわずか一一パーセントしかいなかった。残りの女性たちは、仕事のあとで友達と会ったり、誰かと夕食をともにしたりという少し魅力の少ない楽しみで満足していた。

一番嫌なこと、つまりの朝の「出勤」もまた「セックス」と同じくらい明らかな数字が出ており、二番目に嫌われている「有償の仕事」と比べてかなりの差がある。しかし、調査の対象となったテキサスの女性たちが仕事にあまり喜びを感じていないのは、彼女たちが全体的にあまり魅力的な仕事に就いていないためでもある。

これらの調査以外にも、彼女たちはそれぞれのエピソードを誰と一緒に過ごしたか、またその誰かとともに過ごした時間、あるいは一人で過ごした時間がどのくらい楽しかったかということも提示した。その結果をまとめたのが**表3**である。

テキサスの女性たちは友人と過ごす時間が一番楽しく、これに親戚、配偶者と続く。一般的に、一人でいることは好まれず、それよりもっと嫌なのが上司とともに過ごす時間である。また、ほかの人とともに過ごす時間は、経済的な利害が絡んでいないときにのみ本当に幸せに感じられるということもこの結果から明らかだ。仕事や客との関係は、職生活から離れた社会とのかかわりに比べてはるかに幸福感が薄くなっている。

読者のなかには、セックスは本当にこのアンケート結果が示しているほど深く幸福に結び

表３　様々な人とともに過ごしたときの幸福感

ともに過ごした人	幸福インデックス	ともに過ごした平均時間（時間）	左欄の人と一緒に過ごした女性の割合（％）
友人	3.3	2.6	65
親戚	3.0	1.0	38
配偶者	2.8	2.7	62
子ども	2.7	2.3	53
同僚	2.6	5.7	93
客／ビジネスパートナー	2.4	4.5	74
一人	2.2	3.4	90
上司	2.0	2.4	52

付いているのかと疑問に思う人もいるだろう。デヴィッド・ブランチフラワー[3]とアンドリュー・オズワルド[4]という二人の経済学者も同じ疑問を抱き、セックスと幸福感の関係をさらに深く究明した。

二〇〇四年に行った「金とセックスと幸福」という研究では、一万六〇〇〇人のアメリカ人男女にアンケートを実施——今回は男性も参加——した。その結果、セックスに悦びを感じているテキサスの女性が例外ではないということが明らかになった。アンケート調査の前年にセックスをしていない人々は、平均よりも明らかに幸せではなかったのである。

この調査によると、活発な性生活を送っていない人々のなかで「とても幸せ」だと答えた人は全体の二三パーセントだが、調査対象となった一万六〇〇〇人の平均は三二パーセントだった。

一方では、セックスレスも稀なことではなくなったようである。アメリカでは四〇歳以上の男性の二〇パーセント、そして四〇パーセントの女性がセックスレスだ。つまり、修道僧や尼になるつもりはまったくないにもかかわらず、修道院のような生活を送っている人が大勢いるということである。

ブランチフラワーとオズワルドはさすがに経済学者だけあって、活発な性生活の価値をさらに金額で表そうとした。そして、その結果は五万ドルと出た。言い換えれば、性的に活発ではない人々が活発な性生活を送っている人と同じ幸福感を味わおうと思ったら、年間五万ドルを余分に稼がなくてはならないということである。この数字はあまり真剣に受け止めないほうがよいが、男であれ女であれ、やはり人間の幸福にセックスがかなり大きな位置を占めていることはまちがいない。

ということは、収入を増やすために長期間セックスをやめなければならないのであれば、あくせく働いても意味がないことになる。なぜなら、お金でセックスの問題を解決することはできないからである。二人の調査において、少なくともアメリカでは売春婦とセックスをしても本当に幸せだとは感じていないことも分かっている。人間にはやはり、愛されているという実感も必要なのだろう。

また、個人が幸福になるための魅力的な社会生活とはどんなものかということについても別の調査で確認されている。(＊4) 先に挙げたミハイ・チクセントミハイは、カーネマンたちよりさらに一歩進んで、人々が何らかの行動をとっている最中にそのときの感情を尋ねた。学生を対象に調査を行ったのだが、(＊5) その際、無作為に選んだ時間になるとシグナルが発信される時計を彼らに持たせたのである。そのシグナルが聞こえたら、何をやっていたか、そしてそのときどのくらい幸せだったかを学生たちは記録する。

結果はとくに驚くようなものではなく、学生が一番幸せと感じるのは友達と一緒にいるときや食事をしているときだった（慎重を期して、セックスはここでは除外されていた）。つまり学生も、一日のうちでもっとも幸せな時間が（セックスを除いて）仕事のあとに友人と一緒に過ごす時間や夕食だというテキサスの女性たちと何ら変わりはなかったのである。一方、一番嫌な時間はというと、宿題をやっているときや講義中だった。教授である私にはよく理解できる結果である。というのも、長年講義を行っている身でありながら、私はいまだに自分の講義に出席するよりももっと面白いことがほかにあるにちがいないと思ってい

（3）（David Blanchflower, 1952〜）イギリスの経済学者。アメリカ国籍ももつ。ダートマス大学などで教鞭をとるほか、イングランド銀行の金融政策委員会のメンバーも務める。
（4）（Andrew Oswald, 1953〜）イギリスのウォーウィック大学教授。経済学と計量社会科学を専門とする。

るからである。

というわけで、幸せとは結局、セックス、友人と過ごす時間、誰かとともにする食事、リラックスできる時間など、ごくシンプルな事柄から成り立っている。それに対して、ストレスとなる行動はネガティブにとらえられており、一番嫌がられているのが朝の通勤である。

ここで最初に投げかけた問い、つまり「平均的に見て、高収入の人は幸せになれる行動のためにより多くの時間を費やし、嫌な行動のためにあまり時間を費やさないようにお金を使うことができるか」という疑問に対する答えが一つ出た。

それは明らかに「ノー」である。ブランチフラワーとオズワルドの調査で、収入とセックスの頻度には何の関係もないことが分かった。そして、人を幸せにするほかの行動も、収入の増加とともに増えるわけではなくかえって減っていることも分かった。一般的に高収入の人々は余暇が少なく、友人に会うチャンスも、ひいては友人と過ごす時間、そしてリラックスできる時間も少なくなっているのである。(＊6)

それでは、彼らが何により多くの時間を費やしているかというと、それはよりにもよって通勤なのだ。緑のなかに立つマイホームに高収入を費やしたいと思っている人々は依然として多く、そのためであれば長い通勤時間もいとわないのだ。これは、幸福に対するマイナスの影響がたいていの場合過小評価されているからである。この関係については第10章でもっと掘り下げたい。

しかし、ここで決定的な結論を下すこともできる。収入の増加は逆に幸せにつながる行動の時間を減らす傾向にあり、嫌な思いをする行動により多くの時間を費やすことになるということだ。私たちの社会は、順調に「欲求に対立する通勤社会」へと近づいているのである。

第6章 より多くのお金とより少ない時間――抑圧されている人々

これまで紹介してきた調査結果は、平均収入の増加にともなって人々の幸福感が停滞することを示している。また一般的に、人々は高収入になると自分が楽しいと思うことは実行できなくなっている。だが、それだけではなく、ストレスを感じている人々が増加していることを示す調査も存在する(*1)。これらの人々は、自分にとって大切なことを行うための時間が足りないと思っているのである。

アンケートでは「収入が多少減っても勤務時間を少なくしたい」と大勢の人々が答えているが、それも当然であろう(*2)。しかし、実際にそれを実行に移す人はほとんどいない。なぜなら、第2部で詳しく説明するトレッドミル効果がそれを阻んでおり、仕事の時間を減らすことはどこの職場でもまだまだ難しいからである。

幸福研究と違って、ストレスの研究では世界価値観調査［三四ページを参照］のような世界的なデータバンクをつくることができないでいる。また、時間の経過にともなうストレスの変化も、幸福感に比べるとその研究量はずっと少ない。とはいえ、苦労してかき集められ

表4　2000年前後のストレス度。オーストラリア、ドイツ、韓国の調査結果で、どのくらいの割合の人々がストレスを感じているかを示したもの(＊3)

(%)

	オーストラリア		ドイツ		韓国	
ストレスを感じているか？	男性	女性	男性	女性	男性	女性
ほとんど常に	10.7	14.7	5.6	5.4	28.2	26.3
よく	32.8	35.8	28.7	31.0	42.6	42.2
ときどき	41.9	39.3	38.2	41.7	20.6	22.8
ない	1.6	1.1	10.4	8.0	8.7	8.6
質問を受けた人の数（人）	2,869		3,076		4,241	

たデータもなくはない。オーストラリア、ドイツ、韓国に関しては包括的な新しいデータがあり、それらによると、国民の大多数がほとんど常に、あるいは絶えずストレスを感じている。その数字は、ドイツでは全体のおよそ三分の一、オーストラリアでは約半数、そして韓国では三分の二にも及んでいる。詳細は**表4**をご覧いただきたい。

三か国の間に見られる大きな差はあまり気にしないほうがよい。たとえば、ドイツでは「ストレス」という言葉がネガティブなイメージをもっており、「ストレスを感じている」と言うと一般的にはあまりいい感じがしないためにドイツ人はそれを口にしない。だが、韓国では事情がまったく異なり、ストレスがあるということは仕事にとても力を入れていることを意味し、労働が中心を成す社会においては努力をしてでも得たいものなのだ。ゆえに、韓国人はどちらかというと「ストレスを感じている」と答えやすい国民で、まともな社員はそうあるべきだと望まれているのである。それに反して、ドイツのまともな社員は、プライベートな生活とワークライフのバランスをうまく取るように努力している。

また**表4**では、ストレスについて男女間に大きな差が見られないことも明らかである。だが、国民を年齢や収入、家族状況などによってもう少し細かいグループに分けて調査をしてみると、かなりの差が現れてくる。たとえば、年齢が大きな影響を及ぼしており、もっともストレスを感じているのは人生の中盤に差し掛かっている人々、つまり四〇歳前後の人々となっている。若者や高齢者が感じるストレスはそれよりも少ない。ただし、中年が感じているストレスの理由は男女によって異なり、男性がストレスを感じるのはほとんどが仕事のためである。これは、この年代の男性がほかに何もできないくらい仕事に没頭しているからだ。それに対して女性の場合は、仕事、育児、家事という三重の負担が主な理由となっている。(*4)

さらに、教育や仕事に必要な資格などもさまざまな形でストレスに通じている。高い能力をもつ人々は、そうでない人よりもストレスが多い。これは、キャリアに支払う代価である。一九九七年に「時間の拘束（The Time Bind）」というタイトルで公表されたアメリカ企業の「アメルコ（Amerco）」の職員を対象とした綿密な調査のなかで、女性社会学者のアーリー・

ラッセル・ホックシールド(1)は、高い能力をもてばもつほど勤務時間も長いことを示した。そして、仕事の能力が高くなればなるほどたいてい収入も多くなるので、収入とともにストレスも増えるとした。

とはいえ、貧困層がリラックスできて富裕層はストレスばかりだというわけではない。貧困層も常にお金に困っているためにリラックスした状態にはなれず、大きなストレスを感じている。しかし、収入が一定の水準に達すると、それ以後は収入の増加とともにストレスも増加するという犠牲を払うことになる。

とは言うものの、ストレスを感じる最大の要因は実は家庭の事情である。独身者や子どものいない夫婦は明らかにストレスが少ない。もっとも多いのは、共稼ぎの夫婦（とくに女性）と母子家庭の母親である。男性だけが働く伝統的な家庭では、女性にかかるストレスは共稼ぎよりもずっと少ないが、独身者や子どもがいない夫婦に比べるとやはり高くなっている。(＊5)

共稼ぎの家庭は著しく増加した。それは、共稼ぎが今日の社会の理想像と見なされているからである。これに関しては、オランダにおいて詳細な調査が行われている。一九八六年の

（1）（Arlie Russel Hochschild, 1940～）アメリカの社会学者。カリフォルニア大学教授。最近の生活を支配している市場が研究テーマ。

共稼ぎ世帯は全体の二六パーセントでしかなかったのに、一九九八年には五六パーセントにまで達している[*6]。また、五歳以下の子どもがいる共稼ぎの家庭の割合を調査した国もあり、それによると、スウェーデンは全体の五六パーセント、ドイツは四八パーセント、イタリアは四四パーセント、そしてカナダが三五パーセントとなっている[*7]。

さらに別の調査では、ストレスはとくに一九九〇年代に増加していることが示されている。**表5**は、各国の結果を示したものである。その結果は、職場でも、日常生活一般でも、ストレスが増えていることを示している。

では、この増加の原因はいったいどこにあるのだろうか。働く時間が増えて余暇が減っているのだろうか。働く時間は以前と変わらないが、これまでよりも短時間で同じ量の仕事をこなさなければならなくなったのだろうか。それとも、余暇に済ませなければならない用事が増えて、仕事以外の時間にもストレスが増えているのだろうか。

これらの問いに対する答えは、さまざまな国で行われたいわゆる「時間調査（**Time Surveys**）」のなかに見いだせそうだ。

この調査は、一日のうちに人々が何をやり、その一つ一つの行動にどれだけの時間を費やしたかということを調べたものである。これらの国々では、残業や自宅に持って帰る仕事を含めても、近年、労働時間の増加は認められていない（韓国は例外）[*9]。となると、ストレス

表５　各国のストレス増加の様子（＊８）

国名	期間（年）	ストレスの対象	結果
アメリカ	1971～1992	日常生活一般	常にストレスを感じている人の割合が22％から38％に増加
オーストラリア	1990～2000	日常生活一般	2000年に1990年よりも多くのストレスを感じたと答えた人は91％
ドイツ	1991～1999	日常生活一般	時間によく追われていると答えた人の割合が25％から46％に増加
イギリス	1992～2001	仕事	職場でのストレスが増えたという被雇用者の割合が48％から58％に増加
カナダ	1991～2001	仕事	職場でのストレスが大きいと答えた被雇用者の割合が38％から55％に増加

が増加する主な理由は時間的な圧迫ということになる。

人々は、仕事でも余暇でも時間に追われていると感じている。時間は増えないが、その間に片付けなければならない課題は増加するばかりなのだ。そして、勤務中にたまったストレスは、書類のように仕事が終わっても職場に置いてくるわけにいかず、一緒にあちこちへと持ち運んでしまうことになる。

全体的には、職場でも余暇でも時間の加速化や集中化、断片化が観察されており、このことはすでに一九七〇年、スウェーデンの経済学者であるスタファン・ブレンスタム・リンダー[2]が名著『忙しい有閑階級（The Harried Leisure Class）』で叙述している。このテーマについては、「時間節約トレッドミル」を紹介する際に詳しく触れることにしよう。

（2）（Staffan Burenstam Linder, 1931～2000）スウェーデンの経済学者。欧州議会の議員も務めた。著書に『忙しい有閑階級』江夏健一訳（好学社、一九七一年）がある。

第2部

幸福を約束しつつ、その幸福を阻むトレッドミル

「上流階級にとって、経済活動は目的を達成する一つの方法でしかない。しかし、中流階級にとってはそれ自体が目的となる。彼らは単に豊かになりたいのではなく、より豊かになりたいのだ」（ニコラス・ゴメス・ダヴィラ(*)）

(*)（Nicolas Gomez Davila, 1913～1994）コロンビアの哲学者、作家。近代を批判する多くの箴言を残した。

第2部では、四つのトレッドミル効果について説明をしていく。平均収入が増加しつづけているにもかかわらず、人々はこのトレッドミル効果によってより幸せになることができないでいる。(*1)

四つのトレッドミル効果のうち、「ステータス・トレッドミル」と「要求トレッドミル」の二つは、とりわけ英米の文献ですでによく知られている概念である。そして他の二つ、「マルチオプション・トレッドミル」と「時間節約トレッドミル」は本書で初めて取り扱う概念である。

しかし、その背後にあるメカニズムの一部は読者の知るところかもしれない。これら四つのトレッドミルは、ときに互いに密接にかかわりあい、互いに増強しあっている。

トレッドミル効果は、基本的に集団で非合理的な行動を行ったときの結果であるが、このような行動はすでに私たちの社会行動の確固とした一要素となっているため、日常生活のなかでトレッドミルに気づくことはほとんどない。トレッドミル効果の機能について知っている人だけが、そこから逃れる対策をとることができるのだ。

第7章 ステータス・トレッドミル

1　車――みんながメルセデスに乗っていたら

第二次世界大戦直後、西ヨーロッパの片隅にある小さな村では、自動車を所有している人はほぼ皆無だった。当時、通常の移動には自転車が使われていた。そんな状況においては、オートバイがすでに裕福さのシンボルであった。

オートバイは、自分のポジションを最高に魅力的な形で示すことができるステータスシンボルだったのだ。これというものを何も所有していない人は何者にもなれないのである。オートバイに乗って歩行者や自転車をさっそうと追い越し、疾風と一緒に彼らに驚きや嫉妬を巻き起こすことほど素敵なことがあるだろうか。

しかし、このような状況はあまり長くつづかなかった。戦後に起こった経済成長は生活レベルを全体的に向上させ、村民の多くがオートバイを購入しはじめたのだ。このことは新しくオートバイの所有者となった人々の幸福感を上昇させたが、それ以前からオートバイを所有していた人たちにとってはあまり面白くない変化である。なぜなら、彼らはもう特別ではなくなってしまったからだ。つまり、オートバイが脇を通り抜けていっても、それを振り返って眺める人はもういなくなってしまったのである。

というわけで、村の金持ちたちにとってはそれに代わる何か新しいステータスシンボルが必要となった。そして、まもなく車というステータスシンボルを発見した。車を所有することで、彼らは再び村人に対して自らのステータスを誇示することができるようになったのだ。

だが、ここでもまた歴史は繰り返す。一九五〇年代、一九六〇年代の高度経済成長期に収入が激増し、自動車も購入できる人が次々と現れたのである。マイカーの所有が日常化するまでにそれほど長い時間がかからなかったため、金持ちたちは常に特別仕様の車を走らせて少しでも目立とうとするようになった。

このチャンスを自動車業界が逃すはずはなく、金持ちや成り金が熱望しているステータス品を十二分に提供するため、高級モデルが次から次へと開発されていった。だが、これらのステータスシンボルもあっという間に価値を失って、昨日の高級車は今日の「ポピュラーカー」となり、すぐにステータスシンボルではなくなってしまった。

メルセデスが導入したSクラスは、わずか数年後にどこでも見かけられるようになり、すぐにステータスシンボルを失った。そこでメルセデスは、すぐさまSクラスの新しいモデルを発売した。この車種はSクラスのステータスキャラクターを一時的に回復させたが、それもこのモデルが中堅幹部に乗り回されるようになるまでのことで、この新モデルもまもなく上層部のステータスシンボルではなくなった。

Sクラスは今日に至るまでさまざまなモデルを世に送りだしてきたが、どの車種もほとんど同じような運命をたどっている。ベントレーやロールスロイスは永続的なステータスシンボルとして確立しているが、このようなブランドは稀といえる。

最近になって、高級車のメーカーは新しい戦略を開発した。幅広いモデルを用意して、ステータスに対するさまざまな要望にもっとうまく対応するようになったのである。BMW、メルセデス、レクサスは、通常の高級車モデルを大勢の顧客が購入できるように価格を下げ、それと同時に、特別な顧客用として新たにスーパー高級モデルを売りだした(*1)。その結果、一九八〇年のメルセデスの販売総数に対するSクラスが占める割合はわずか九パーセントにすぎなかったものが、二〇〇一年には二八パーセントにまで増加した。

その一方で、新しいスーパー高級車である「マイバッハ(1)」の販売台数も全体の六パーセントに達している。「マイバッハ」の値段はメルセデスの「普通車」の約一〇倍もするので、

(1)　一九二一年から一九四一年までマイバッハ・エンジン製造会社として高級車を製造。その後、ダイムラー・ベンツに買収される。現在「マイバッハ」ブランドは、ダイムラーグループのメルセデス・ベンツ社の最高級車として売りだされている。

平均的な購入者にはまだまだ手の届かないものとなっている。

メルセデスは、このような方法で車というステータス品を多様化することに成功した。こうして比較的少ないとされる上流階級は、そのうちどの一軒家の前にも同じ車が駐車されるのではないかという心配をすることもなく、新しいマイバッハで自らのステータスをデモンストレーションすることができるようになった。しかし、野心に燃える中流階級も、マイバッハよりは少し控えめなSクラスのニューモデルというステータスを引き続き享受している。もちろん、このような車に手が届かない人々もまだまだ大勢いる。

ここ数年は、ステータスを大きさと重量で示そうとする傾向が強まっている。高級オフ

最高級車のマイバッハ　　（撮影：BMK）

ロード車が初めて市場に登場してからというもの、この新しい大型車種の人気は高まるばかりで、今ではどの自動車メーカーも同じようなモデルを売りだすようになった。それもそのはずで、高級オフロード車はステータスシンボルであるばかりでなく、シンプルな方法で権力と腕力も誇示できるのだ。そして、劣等コンプレックスがあちらこちらの隅に芽生えつつある現在では、権力も腕力も、まさにいくらあっても足りないのである。

ところが、車のモデルがより大きく、より精巧に、より速く、そしてより高級になったところで、第1部ですでに見てきたように、平均的な幸福感は第二次世界大戦の終戦時よりも上昇していない。生活水準がどれほど高くなろうと、その時代のステータスシンボルとなった車種を購入できる人は常にほんの一握りでしかないのだ。

このような見方をすれば、今日の状況は第二次世界大戦後とほとんど変わっていない。当時はオートバイを所有している少数の人々がうらやましがられ、今日ではそれがマイバッハなどの車になっただけのことである。

もちろん、今でも乗り物なんぞ走ればそれで十分という人もいる。だが、自動車がこの目的のためだけに設計されていたら、今日の路上はまったく違った景色になっていたはずだ。総じて、車はもっと小さく、軽く、コンパクトになっており、それとともに燃費もずいぶんよくなっていただろう。だが現実は、車が代表的なステータスシンボルとなっている。それ

は、車がほかの何よりもこの目的に適しているからである。(＊2)

何しろ、車はガレージに閉じ込められっぱなしになっているわけではなく、持ち主はこれに乗ってあたり一帯を走り回り、近所で自らと車を見せつけることができるのだ。また、どの車種がステータスとなっていてどれがなっていないかということを調べる必要もほとんどない。ある調査では、小学生でも、乗っている車でその人の社会的地位を想像することができるということが明らかとなっている。(＊3)

次に述べる、ある会社で起こった事件は、ステータスシンボルとしての車が過大評価のしようのないほど重要であることを物語っている。(＊4)

その会社は、マネージャークラスの人に社用車を与えていた。購入できる車の価格は肩書きによって異なり、下層幹部の予算はBMWの3シリーズかメルセデスのCクラス程度、中堅幹部はBMWの5シリーズかメルセデスのEクラス、そして上層部はBMWの7シリーズかメルセデスのSクラスが購入できた。

さて、この会社のあるジュニアマネージャーは、販売会社とうまく交渉してBMW3シリーズの予算でBMW5シリーズを買うことができたのだが、このジュニアマネージャーは会社文化に反する行動をとったとして非難され、すぐさま社内から怒りの声が上がったのである。その結果、下層幹部のマネージャーはBMW3シリーズかメルセデスCクラスに「しか」

乗ってはならないと明文化されてしまった。事がステータスとなると、もう誰もユーモアを解さなくなるのである。

2　億万長者はなぜもっとお金を必要とするのか——ステータス競争

ステータスシンボルとなった品物は車のほかにもたくさんある。家、インテリア、服、あるいは有名な画家が描いた絵画など、これらはすべて、所有者以外の人々に自分のステータスを知らしめるために役立てられている。(*5) そのほかの例としてはゴルフクラブも挙げられよう。キャロウェイのプレミアム・チタン（ビッグ・バーサ）のゴルフセットを手に入れた人は、上流のゴルフプレイヤーの仲間入りを果たした気分になるようだ。

アメリカに住む三四歳の建設作業員であるジェイクの収入はそれほど多くない。彼はこのセットを手に入れるために、一年以上にもわたって貯金をしなければならなかった。そして、購入した理由を次のように説明している。

「僕がビッグ・バーサを買った本当の理由は、これを持っていると金持ちになったような気がするからなんだ。世界最大の会社のオーナーや世界一の金持ちだって、これ以上のゴルフクラブを持つことはできないんだからね(*6)」

一般にステータス品にはかぎりがあり、それゆえごく少数の人しか手に入れることができない。また、そうでなければそれらの品物はステータスにもなり得ない。経済学者のフレッド・ハーシュ[2]は、一九七六年に出版した著書『成長の社会的限界（social limits to grouth）[3]』のなかでこれについて簡明的確に叙述している[*7]。

ステータス品は、食、住、あるいは移動などに関する絶対的な欲求を満たすことができない。ステータス品の需要はここにはなく、権威やステータスなどの相対的な欲求を満足させることにある。これは、このような品物を所有できない人が大勢いるときにおいてのみ可能なことである。

一方、絶対的な欲求を満たしたいときに同じ欲求を満たせる人がほかにもいるかどうかと気に留める人はいない。たとえば、お腹が空いたときや腹いっぱい食べることができたときに、自分と同じようにほかの人も腹いっぱい食べたかどうかなどはどうでもよいことなのである。

しかし、相対的な欲求を満たすときには、ほかの人に同じ欲求を満たされては困るのだ。自分のステータスをマイバッハの購入によって見せつけたいという場合は、大半の人々が自分と同じ欲求を満たせない状況というのが必要なのである。つまり、相対的な欲求が満たされたときの幸福感を味わうためには、自分が買ったり所有したりするモノを、ほかの人が買ったり所有したりするモノと比べなければならないのである。

だが、ステータスをめぐる競争は物品にかぎられているわけではない。全体的にモノを購入しやすくなるにしたがって、ステータス競争は消費の仕方やライフスタイルにまで広がっていく。一流ゴルフクラブの会員権にしても、国際線の飛行機のファーストクラスにしても、VIPパーティへの招待状にしても、ステータスのシグナルを送るモノすべてにおいて競争がなされている。

加えて男性は、自分のステータスを魅惑的な恋人や妻においても見せびらかし、女性は逆に、自分の権威を金持ちや有名な男性と知り合いであるということで高めようとしている。一方、私たち教授連の職業ステータスはというと、まず出版物の数とその著作物の引用頻度によって決まる。この場合もやはり、ほかの教授より目立つことが肝要である。

総じて、ステータス競争は大勢の敗者と少数の勝者を生みだし、大半の人々は常に不満を抱いたままとなる。そして、勝者の幸福はひとえに、残りの人々が彼らをうらやむかどうかにかかっている。なぜなら、ヴィルヘルム・ブッシュ[4]がすでに言っているように、「嫉妬は

（2）（Fred Hirsch, 1931～1978）イギリスの経済学者。ウォーリック大学経済学教授を務めた。国際金融問題やインフレについて多数の発行物がある。

（3）邦訳は、『成長の社会的限界』都留重人訳、日本経済新聞社、一九八〇年。

驚嘆のもっとも率直な形」であるからだ。

それでは、ステータス品を見せつけてあっと思わせたい肝心の「ほかの人々」と言われる対象グループとはいったい誰なのだろうか。

アメリカの経済学者であるジュリエット・ショア(5)はこれについてもう少し突っ込んで研究をし、アメリカのある電話会社の社員にアンケート調査を行った(*8)。その結果はというと、ほとんどが予想通りだった。つまり、回答者の二八パーセントがもっとも気になる対象グループとして友人を挙げたのである。二番目は職場の同僚で二二パーセント、その次に来るのが一二パーセントを占めた親戚である。

というわけで、プライベートでもビジネスでも、私たちはもっとも多くの時間をともに過ごす人々と自分を比較する傾向にあることが分かる。そしてもちろん、同じ国や同じ地域にあるほかの企業もしくは公共機関で似たような活動をしている人々も気になる存在となる。

たとえば、スイスの大銀行である「UBS(6)」の銀行マンは、同僚と比べて自分がどのくらい稼いでいるのかがとても気になっていることだろう。また、もう一つの大銀行であるクレディ・スイス(7)で同じ仕事をしている人の稼ぎも気になっているだろう。だが、日本で同じ仕事をしている銀行マンがどのくらい稼いでいるかはあまり気にしていないはずだ。日本の銀行マンの生活条件はスイスと異なるし、気にするのにはあまりにも遠すぎるのだ。

グローバル化が叫ばれる今日でさえ、私たちは、まず同じ職業や同じような社会的背景をもつ、近い所に住む人々と自らを比較している。イギリスの哲学者であるバートランド・ラッセル(8)は、かつてこのことについて以下のように言い表した。

「乞食がうらやましがるのは億万長者ではなく、自分よりももっと稼いでいる別の乞食である」

もっとも気分がよいのは、やはり、かつて学校で自分をからかってばかりいた級友を凌い

---

(4)（Wilhelm Busch, 1832～1908）ドイツの風刺画家、詩人。初期の絵本『マクスとモーリッツのいたずら』上田真而子訳（岩波書店、一九八六年）が有名。

(5)（Juliet Schor, 1955～）アメリカの経済学者。現在、ボストンカレッジ社会学教授。著書に『浪費するアメリカ人』森岡孝二訳（岩波書店、二〇〇〇年）がある。

(6) スイス最大の銀行。二〇〇〇年ごろから合併・買収で成長をつづけてきたが、アメリカのサブプライム問題で業績が大幅に悪化して顧客離れが生じ、公的資金注入の援助を受けた。

(7)（Credit Suisse）スイス第二大手銀行。ＵＢＳ同様、アメリカの不動産問題に端を発した金融危機で業績が大幅に悪化した。

(8)（Bertrand Russell, 1872～1970）イギリスの哲学者。アルベルト・アインシュタインとともに核廃絶に向けた「ラッセル＝アインシュタイン宣言」を発表した。ノーベル文学賞受賞者。著書に『西洋哲学史』市井三郎訳（みすず書房、二〇〇〇年）などがある。

だときである。

このようなステータス競争の基盤は収入にあり、それ相応の稼ぎがなければステータス品を買うことはできない。労働市場で働く人々が、それなりに出世することで自分のステータスをグレードアップさせようとするのはそのためである。

高い信望とそれに相応する高い収入を得られる職に就いていれば相手を感嘆させることができ、それだけで、周囲から羨望の眼差しが向けられるのは確実である。それ以外のことで周りから同じ反応を得ようと思ったら、よっぽど魅力的な容姿をしているか、かなり有名でなければ無理だろう。

そしてまた、収入自体も一つのステータスシンボルとなりつつある。アメリカの経済学者ジェームス・デューゼンベリー(9)は、すでに一九四九年、このことを「Keeping up with the Joneses（ジョーンズ家に遅れるな）」という有名な一文で表現している。

人々は、自分の収入を友人知人、隣人や同僚の水準に保とうと常に努力している。そして、周囲にいるこれらの人々が出世して収入を増やすと、自分も今のステータスを失わないようにもっと働かざるを得なくなる。このことは、アメリカで行われた包括的な研究が明らかにしている。(＊9) 周囲の人間（もっとも遠くて隣人まで）の収入が高くなればなるほど、それより収入が少ない人間の不満は募ることになる。なぜなら、周りと比較すると自分は貧しくなるからだ。

このような高収入をめぐるステータス競争は、とくに大企業のトップマネージャーの間で熾烈を極めるようになってきた。彼らの間では、収入はいまや純粋なステータスシンボルであり、関心事はほかのトップマネージャーよりも多く稼ぐことだけとなっている。ジェローム・バーコウ[10]は、一九八九年に出版した著書『ダーウィンとセックスとステータス（Darwin, Sex and Status）』のなかで以下のような的を射た説明をしている。

「億万長者がさらに億の金を必要とするのはなぜだろうか。それは、ただ一億しか持っていない億万長者よりももっと高いステータスを得るためである」

年収一〇〇〇万ユーロ［約一五億円］のマネージャーの銀行口座から毎年一〇〇万ユーロをこっそり引き出しても、そのマネージャーはおそらく気がつかないだろう。これくらいの金額がなくなっても、そのマネージャーの生活にとっては何の差し障りもないのである。元ヘッジファンドマネージャーのジェームス・クレイマー[11]は、相対的な考察が彼の職生活

（9）（James Duesenberry, 1918～）アメリカの経済学者。ハーバード大学の教授を務め、一九八九年に退職。著書に『貨幣と信用』貝塚啓明訳（東洋経済新報社、一九六六年）がある。

（10）（Jerome Barkow, 生年など不詳）カナダの文化人類学者。ノバスコシア州ダルハウジー大学の名誉教授。

にどのくらいの影響を与えていたかについて回顧録のなかで次のように語っている。(＊10)

「優秀なファンドマネージャーは常に互いを比較しあっている。クレイマー・バーコウィッツで働いていたころ、私は毎日、ほかのファンドマネージャーがどんな成績を収めたかをずっと観察していた。そして、どうしても彼らに負けたくないと思っていた。ポール・ウィックやスミス・バーニー・アグレシヴ・グロースのリッチー・フリーマンが自分より利益を出した日には、悔しくて気が狂いそうになった。私は、スポーツの大事な試合で対戦相手を観察するように彼らの成績をチェックしつづけた。また私は、自分の目標とする利益を達成しても満足することができなかった。本当に気持ちよく過ごせる日は、ライバルを負かした日だけだった。逆に、ほかのファンドマネージャーが勝って自分が負けたときは、悔し涙をこらえるのがたいへんだった」

つまり、ジェームス・クレイマーにとって絶対的な利益の金額などはどうでもよかったのである。大事なのは、ベストファンドマネージャーという競争においてリッチー・フリーマンやポール・ウィックなどの競争相手を負かすことだったのだ。

多くの人が相対的な収入を重要視していることは経験的研究でも確認されている。一九九一年にアメリカで行われた研究(*11)では、回答者の三五パーセントが、「いつか平均年収二五万ドル［約二六〇〇万円］という所得番付の上位に入りたい」（全体の六パーセント）と答えている。そして、少なくとも高額所得者（トップ六パーセントの次の一二パーセント）の仲間入りをしたいと思っている人が四九パーセントに上った。一方、将来「中流階級に入れば十分」と考えている人はわずか一五パーセントにすぎなかった。残念ながら、これまでにこのような希望のほとんどが粉砕されてしまったが……。

別の調査では、ハーバード大学の学生に次のような世界のどちらに住みたいかという質問を行った(*12)。

❶自分は五万ドル、ほかのすべての人は二万五〇〇〇ドル稼ぐ世界。
❷自分は一〇万ドルで、ほかの人は二五万ドル稼ぐ世界。

結果は想像に難くない。学生の大多数が、収入額は絶対的に少ないが、ほかの人と比べると裕福な❶の世界を選んだのである。このように、ある最低水準を超えると絶対的な収入よ

(11)（James Cramer, 1955～）アメリカの投資家。ヘッジファンド・マネージャーとして勤め、その後インターネットで投資情報を提供する会社「TheStreet.com」を設立。マスコミでも活躍。

りも相対的な収入のほうが大切になってくる。このことは、イギリスの労働者を対象とした新しい調査でも確認されている。幸福にとって大切なのは、絶対的な収入の額よりもほかの同僚に比べて収入が多いという事実なのだ。(＊13)

それでは、ステータス競争はいったいどのようにしてトレッドミルに発展していくのだろうか。前述の通り、すべての人がほかのすべての人を打ち負かすことは不可能である。トップに立つのはほんの一握りの人間で、残りは平均、いやもっとひどいときは平均以下になってしまう。ステータスをかけた競争は、社会全体で見れば「ゼロサムゲーム」(12)なのである。(＊14)

これは収入に関しても言えることで、全体の平均収入が増えても勝者と敗者はやはり存在する。ステータスシンボルがある人の幸福感を高めるとき、それと引き換えに別の人の幸福感が減少するのだ。なぜなら、ステータスシンボルを所有する人は、ほかの人が同じものを所有していないときのみに幸せを感じるからである。

平均すると、ステータス競争で得られる利益は何もない。それは、ほかの人に勝とうとして全員がいくら努力をしても変わることはない。これは、明白な事実である。

しかし現実には、全体の半数以上の人々が将来は平均以上の生活になると信じている。人間は自分の能力を過信し（自信過剰）(＊15)、すでにトップにいると夢想しがちなのである。たとえば、一九八一年にスウェーデンのドライバーに対して行ったあるアンケートでは、回答者の九〇パーセントが「自分は平均以上のドライバーだ」と答えた。しかし、現実はそれほど甘くない。

経済成長とともに平均収入は増加する一方であり、何らかのステータスシンボルを手に入れられる人も増えるばかりである。ステータス競争は、トップにいる人々にとっても永遠に終わらない闘いなのである。

高級車の例で明らかなように、それらのモノのステータスキャラクターはいつかは失われていく。これは、ステータス品のメーカーがしばしば促進するプロセスである。自動車なら、より高級なニューモデルを市場に送りだすとともに、その売り上げの増加を見込んで古いモデルの価格は下げられることになる。

つまり、自分のステータスを守るためには、常にそのための努力を必要とし、世の中の多くの人々の手にはまだ届きにくい新しいステータス品を購入するために絶えず収入を増やしていかなければならないのである。ここで展開されているのは、ステータスの現状維持に向けて常に努力を要求されるという、誰一人として気を抜くことのできないダイナミックなプロセスである。そして、これこそがトレッドミルなのだ。

---

(12)　ゲームの理論の一モデル。各プレイヤーに配分される利得の和が常にゼロとなるゲーム。

3　加速するステータス・トレッドミル

広告

社会や経済に見られる最近の傾向は、ステータス・トレッドミルを加速させている。そして、その中心的な役割を果たしているのが広告である。消費財メーカーは次から次へと新しいステータス品を発売し、ステータスのキャラクターをもたなかった商品にもステータスを与えようとしている。

これらの商品は、ステータスをさらに高めることができると暗示している広告のなかで大いにほめそやされることになる。これについて、ボストン・コンサルティング・グループ[13]のマーケティングエキスパートであるマイケル・シルバースタイン[14]とニール・フィスク[15]は、著書『なぜ高くても買ってしまうのか（Trading Up）[16]』のなかで以下のごとく言い表している。「もちろん、経済は、アメリカの消費者が本当に必要としている量以上のものを一〇〇年以上にわたって生産してきた。マーケティングは最終的に、消費者に新しい欲求を呼び覚まさせるために存在するのである」

ステータス品で人の目を引きたいという欲求は、飽和した経済のなかにおいてなお消費を促進してくれる大切な欲求である。とくに顕著なのが服だ。洋服ダンスはもうすでにいっぱいで、そこにしまい込まれている服の多くがほとんど（もしくはまったく）袖を通されていないにもかかわらず、毎年毎年、新しい服を買うためにたくさんのお金が注ぎ込まれている。それは、宣伝されている流行のファッションが、常に新しい服をまとうように私たちを誘惑しているからだ。

とりわけ重要な役割を果たしているのが、アルマーニやサンローラン、ヴェルサーチ、あるいはジョープなどの高級ブランドである。大々的なＰＲキャンペーンが押し寄せてくると、ステータスに敏感な人々は毎年新しいコレクションを買い求めずにはいられなくなる。そうしなければ、あっという間に取り残されてトレンディな人間ではなくなってしまうからだ。こうして、みんなが毎年毎年、ときには奇妙に見える洋服に身を包むことになる。その服

(13)（The Boston Consulting Group）一九六三年、ボストンに設立された企業コンサルティング会社。三年後に東京オフィスを開設。
(14)（Michael Silverstein, 生年など不詳）マーケティング専門家。二五年以上にわたってボストン・コンサルティング・グループに勤める。
(15)（Neil Fiske, 生年など不詳）マーケティング専門家。マイケル・シルバースタインとともにボストン・コンサルティング・グループに勤めた。現在はカジュアルウエアを扱うエディー・バウアーのＣＥＯを務める。
(16)邦訳は、ボストン・コンサルティング・グループ訳、ダイヤモンド社、二〇〇四年。

には、どこか目につきやすいところに必ずブランド名が光っているはずである。というのも、これがなければどんな最新作も価値のないただの布切れになってしまうからだ。大切なのは、自分が「最高」であることを直接告げるのではなく、相応のファッションブランドでそれを示唆することである。

このように、これまでずっと服で機能してきたことが、今日ではほかの商品へとどんどん拡大している。グッチのハンドバッグであれ、レイバンのサングラスであれ、あるいは携帯情報端末のブラックベリーであれ、消費者が広告にうまく乗せられて商品を手に入れて、周囲から目立とうとする例はいくらでもある。

このような行為は、とくに子どもや若者の間でよく機能している。彼らは、ステータス競争にとくに敏感なのだ。ゆえに、青少年は早くから広告の的にされ、ファッションブランドや携帯用電子機器の「ガジェット」ゲームなどで互いに張り合うことになるのだが、そうなるとこの競争に参加できないときの苦悩はたいへんなものとなる。

トミーヒルフィガー[17]の最新ジーンズを買うことができなかったために仲間はずれにされてしまった子どもに、果たしてこの先幸せな生活を送ることができるのだろうか。常に白人の中流家庭向けにつくられてきたこのような服は、とりわけ貧困層の子どもたちにステータスというものをほんの少し味合わせ、彼らの劣等コンプレックスを和らげる働きをしている。[*16]

一九九〇年代のアメリカでは、このようなデザイナーズブランドに関するステータス競争が学校に制服の導入を真剣に考えさせるほど激化した(＊17)。そして、多くの点でもう一枚上手をゆく日本では、高価なブランド品を買うために売春を行うという女子学生までもが現れた。いまや青少年は「物質主義の代理人(＊18)」となり、親が汗水たらして稼いだお金を再び放出する存在である。人は年を取るとともにたいてい無頓着になり、流行をいちいち追うようなことをしなくなる。だが、子どもが流行を追っているかぎり大人が手を出す必要はないし、親がお金を使おうとしないのなら、子どもを通じて財布からお金を引き出せばよいのである。

こうして親たちは、子どもにそれ相応の商品を買うようにわが子から「強制」されることになる。そうしなければ、子どもたちは学校などにおけるステータス競争で負けてしまうのである。また、このような状況は家庭内に相当なストレスを生みだす恐れがある。青少年は、リスクを嫌い、安全第一の考え方に感染してしまった大人よりも広告に対してずっと反応しやすい。このようなストレスは、できればあまり長期にわたって経験したくないものである。

このように、消費財メーカーは広告でステータス思考を促進しながら、絶対的な要求が限

---

(17)　アメリカのファッションデザイナーおよびそのブランド名。高校時代にジーンズを売って成功したのをきっかけにファッション界に入った。

界に達して飽和状態に陥らないように常にブレーキをかけている。

人々は必ずいつか満腹になって衣服も十分に持つようになるため、これらの市場に対する需要はある一定の水準になれば滞ってしまう。ゆえに、ステータスキャラクターをもたない商品の売れ行きがかぎりなく伸びることはない。しかし、ステータス品は異なる。ステータス・トレッドミルが需要をいつも刺激しつづけるからである。そして、当然のごとく広告がこれに非常に強く同調し、私たちのステータス思考に訴えかけてくる。総じて広告というものは、人間の欲求を相対的欲求へと移動させつづける大掛かりな試みであり、そのおかげで私たちはいつまでたっても「もう十分！」とは思えないのである。

「多くの人間は、好きでもない人間を感嘆させようと、不要なモノを買うためにたいして持ってもいないお金を使っている」と述べたのはオーストリアの映画俳優であるウォルター・スレザック(18)だが、まさにその通りであろう。

マスメディア

ステータス・トレッドミルの絶え間ない加速には、マスメディアもまた大きく貢献している。多くのテレビ番組やラジオ番組、あるいは新聞、雑誌、インターネットのおかげで、私たちは常に自分をそれぞれの分野のトップの人たちと比較することができる。世界屈指の、著名の、金持ちの、美しい、頭のよい、そして成功した人々がいかに素晴らしいことを行ったかということについて、私たちは常に見たり聞いたり読んだりさせられている。しかし、うだつの上がらない、まぬけな、醜い、あるいは貧乏な人間のことは、ほとんど見ることも聞くことも読むこともない。これらの人々は、通常、テレビに向かって座っている普通の人間であり、カメラが彼らに向けられることはない。

このような格差が、相当な欲求不満を引き起こすこともある。なぜなら、メディアが人気にまかせて取り上げるスーパーマンやスーパーウーマンと肩を並べることなどは一般庶民には絶対に不可能なのだから。

というわけで、メディアが伝えるイメージは上方修正され、私たちのステータス思考もまたそれによって感化されることになる。(*19) 私たちはもはや、身体的にも精神的にも、私たち全員を「矮人《わいじん》」にしてしまうようなスーパーマンやスーパーウーマンとしか自分を比較することができなくなっているのだ。

---

(18)（Walter Slezak,1902～1983）オーストリア生まれ、アメリカ国籍ももつ映画俳優。ヒッチコックの映画『救命艇』のほか、舞台やミュージカルにも数多く出演した。

アメリカの心理学者であるデヴィッド・ケンリックとそのグループは、メディアが実際に及ぼす影響について興味深い実験を行った。そのなかで、彼らは既婚の男性グループに対して、「妻の容姿にどのくらい満足しているか」という質問を行った。そして、国際的なトップモデルの写真を見せたあとにもう一度同じ質問をした。すると、男性たちの妻に対する満足度は大幅に低下してしまった。トップモデルの写真によって、彼らの妻はあまり魅力的でないという事実が目の前に突きつけられたのである。

また、女性の側にもこのような写真に対して免疫がないことが証明された。別の実験において複数の女性にトップモデルの写真を見せたところ、女性たちの自分自身に対する満足度はかなり下がってしまったのである。

一般庶民を欲求不満に陥らせているのは、このようなスーパーモデルによる「視覚爆弾」だけではない。家庭雑誌をめくるとそこに現れるのは幸せな家族の笑顔ばかりで、元キャリアウーマンは、家庭で完ぺきな母親を務めているだけでなく驚くほどキマっている。また、経済雑誌には敏腕マネージャーや敏腕企業家がゴロゴロ登場し、本当に望めば何でも達成することができるとコメントしている。さらに、高齢者向けの雑誌には、健康そのものの活動的な八〇歳の高齢者たちが、今でも刺激に満ちた満足そのものの生活を送っている姿が映しだされている。

このようなメディアによる挑発のなかでもっともひどいものは、私たちもみんなこんなふうになれるという隠されたメッセージである。それによると、私たちがこんなふうになれないのはどうも自分に責任があるらしい。現代の社会では、少なくとも理論的には誰もがトップで活躍するチャンスをもっているが、大半の人間はメディアが伝達するような理想像からはかけ離れており、敗者のスタンプが押されている。これは、幸福感にプラスに働く状況とは決して言えない。

ランキング・マニア

今日、私たちは何でもかんでもすべてにランクをつけるようになってしまった。何かの活動を行うだけではもはや物足りなくなり、その活動のなかで自分がほかの人よりどれだけ優れているかということを常に知ろうとしている。もっとも顕著にこの傾向が現れているのがアメリカで、ヨーロッパなどほかの大陸にもランキング・マニアは拡がりつつある。数年前、劇作家のアーサー・ミラー[19]は、このような風潮について以下のように書いている。

---

(19)（Arthur Miller, 1915～2005）アメリカの劇作家。映画の脚本や小説でも作品を残した。『セールスマンの死』倉橋健訳（早川書房、二〇〇六年）が有名。

「君は何をしているのかと、これほどしょっちゅう聞かれる国は（アメリカの）ほかにはない。そして、私自身もアメリカ人であるため、ほかの人の成功や失敗を知らないほうが気が楽だということに気がつくまでよくこの質問をした。私たちは、毎日一分と休まず順位をつけているのである」

企業は、売り上げや利益あるいは株価でランクづけされ、そこで働くトップマネージャーたちは収入別にグループ分けがされる。そして、大学は卒業生の給料で、教授たちは著書のランキングリストでなるべく上位に就こうとする。ランキングや査定やベンチマーキング[20]は、今日、日常化された固定構成要素となって私たちの思考をますます占拠しつつある。

だが、これはこれでいいのだと考えられている。これによって、市場が存在しないところでも競争が活気づけられるからだ。ランキング・マニアは、とくに学校や大学、病院などの公共施設を襲っているが、これによって、これらの施設のサービスの質が向上すると言われている。

しかし、このような慌ただしいランキング活動は、本当にサービスや製品を改善させ、ひいてはより幸せな社会をつくることになるのだろうか。それとも、これは人工的につくられたステータス競争でしかなく、最終的にステータス・トレッドミルを加速させるだけなのだろうか。この問いに答えるためには、ランクづけがどのように行われているのかを見てみる必要があろう。

ランクづけのもっとも簡単なのはスポーツだ。一定の距離を誰が一番早く走るかとか、誰が一番高く飛ぶかということはすぐに判定できる。それぞれのスポーツに適した計測機器さえあれば、その結果を客観的に計ることは可能である。スポーツ以外となると残念ながら事はもう少し複雑になって、ランキングのプロセスもかなり困難なものになる。さらに、品質という観点がこれに加わると、この質を直接測ることができないために少々やっかいなことになってしまう。

スポーツ競技にも、この品質判定という問題が生じるものがある。体操やスキージャンプ、あるいはフィギュアスケートなどの競技には専門の審査員がいて、彼らによって演技の質が査定されている。しかし、実際には、これらの専門審査員もまた、計測可能ないくつかの基準をもとにして質を数値に置き換えているだけなのだ。

フィギュアスケートの場合、このような計測可能な基準はさまざまな三回転、いや現在で

(20)　自社の業務や経営の改善を目的として優れた企業の分析を行い、それを指標として自社を評価しながら変革を進めていくこと。

は四回転ジャンプの数となっている。つまり、いまやフィギュアスケートの場合は、自由演技の至る所にこのようなジャンプがいかに多く取り入れられているのかということにすべてがかかっているのである。芸術的な側面も評価の対象とはなっているが、説得力のある基準として見るにはあまりに心もとない。

そういうわけで、フィギュアスケートは今日つまらない「催し物」に成り下がってしまい、音楽にあわせて披露する自由演技は、「ジャンプが複雑になればなるほど自由演技の『質』は上がる」と見なされて、短時間でできるだけ多くのアクセルやサルコフ、あるいはリットベルガーなどを審査員に印象づけるだけのスポーツとなってしまった。

このような兆候は、ほかの分野のランキングにも多く見られる。たとえば、研究を取り上げてみよう。ここでもやはり、クオリティマネジメントをどこかの委員会にわざわざ委託して内容を調べてもらうなどということをしなくても研究の質を判定できるようにランクづけが行われなければならない。というわけで、大学の研究者たちは専門誌に発表した記事の数でランクづけされ、少し平凡な研究施設では、プロジェクトの数が質を測る物差しとしてよく利用されている。

大学がランクづけを行っているために、教授たちは報告したいことが何もなくても多くの論文を発表しようという気にさせられてしまう。その結果、どうでもよい内容のものが非常に複雑なモデルへと膨れ上がったり、ずっと眠りつづけていたデータに統計を駆使した処置を加えて経験学的な有意性が吹き込まれたりして、発表可能な代物、つまり論文などがつくられていくのである。

学術研究が、できるだけ多くの論文を発表するというスポーツ競争のように様変わりすると、そこに人工的なステータス・トレッドミルが発生してしまい、最終的には、意欲的な学者たちから学術活動に対する喜びを奪い取ってしまうことになる。

研究だけでなく、今日至る所に見られるランキング・マニアによってさまざまな活動がステータス競争へと性格を変え、その活動にかかわっている人々の幸福にマイナスの影響を与えるため、私たちはさらにますます多くの無意味な出版物やディプロム（免許状）、報告書、会議などに悩まされるようになっている。これらは多くのストレスを生みだすだけで、誰一人として幸せにはしてくれない。

目立つことは難しい

今日、誰でも手に入れられるぜいたく品はごまんとあるため、そもそも目立つこと自体が難しくなってきている。高収入の職に就いていても、「私の年収は八〇〇〇万円です」と書いた札をぶら下げて歩き回るわけにはいかない。これは、文明化された社会ではちょっと奇妙な行動である。

　高収入を得ていることは、それぞれの文化や発展状態において独自のステータス品を利用しながら、もっと巧妙な形で残りの人々に合図をしなければならないのである。多くの途上国の金持ちは、金の装飾物をジャラジャラと身に着けたり、高級車を乗り回したり、あるいはロレックスを腕に光らせたりするという、ごく単純なやり方で自分たちの収入の多さを見せつけている。

　今日の工業国では、事はこれほど単純には運ばない。ここで分厚い金のネックレスを首に巻きつけてウロウロしていると、その人間は即座に「品」というものをまったく感じさせない幼稚な成り上がり者だと決めつけられてしまう。それに適したステータス品の選択は、事実上、かなりの労力を要する術《わざ》にまで発展したのである。問題は常に、「ほおー」と思わせたい相手が誰なのか、そして適度に控えめで適度に押しつけがましくない程度に相手の目を見晴らせるにはどうすればよいかの二つとなる。

　会社のトップポジションにいるマネージャーがこれを車で示そうとするときは、単なるメルセデスやＢＭＷでは少々役不足となる。安っぽい自慢をしていることをばらさずに、目下ステータスシンボルと見なされている正しいモデルを乗り回す必要がある。高級オフロード車やコルベット、ポルシェなどは論外で、どちらかというと、一見すると高級車と分かりにくい控えめなメルセデスあたりがよいだろう。また、初めての人と会うときは、自らのステータスを示そうとして一〇〇ユーロ札をヒラヒラとちらつかせるのはやめたほうがよい。このようなときもやはりもう少し巧妙なシグナルを送るべきで、その例として、商社マンの二六歳の男性は次のように言っている。「ケテルワン・ウォッカ(21)を注文することは一〇〇ドル紙幣をヒラヒラさせるのと同じ効果がある」

ただし、期待通りに相手が感嘆するのはケテルワンを注文したときだけである。

おしなべて、ステータス競争は複雑になる

(21)（Ketel One）オランダのプレミアムウォッカ。

道路がきれいに舗装された町中で多々見かける高級オフロード車。

ばかりだ。巧妙なシグナルでステータスを誇示する人々はわんさといるので、自分の存在を認めてもらいたいのであればそれなりの努力が必要となる。それに、誰も振り向いてくれないのにフェラーリを乗り回してもどうなるものではないし、誰も見ていない所で豪華ヨットに乗っていても意味はない。

そんなわけで、金持ちや有名人は、メディアを通じて自分のステータスを示そうとするようになった。その場合、フェラーリは雑誌に掲載された写真のうしろにそれとなく見えるだけである。あるいは、豪華ヨットの船上でインタビューを受け、写真にヨットが写るように配慮している。そしてもちろん、美人の恋人も忘れてはならない。読者がうらやむであろう状況は完ぺきにつくり上げなければならないのである。

周りにステータスのシグナルを送るという行動は労力も費用もかかるプロセスだが、このことはほとんど顧みられていない。欲しくて欲しくて仕方がなかったフェラーリを買って初めて、周囲の人々が期待したほどの感銘を受けていないことに気づくのだ。つまり、ステータスに関する多くのシグナルは無駄に発信されているのである。そして、ステータス・トレッドミルは、誰もより幸せにすることなくますます加速していく。

4　ステータス・トレッドミルと幸福

ステータス・トレッドミルの影響は、ほとんどの人が軽視している。これらの人々は、高収入とステータス品の購入によってほかの人々から目立つことができ、それによってこれまでより幸せになれると信じ込んでいるのだが、ほかの人々が自分とまったく同じ行動をとるとせっかく苦労して手に入れたステータスの価値が下がってしまうことには気がついていない。こうして彼らは、相対的な収入が上昇したときの幸福感が及ぼす影響を総じて過大評価してしまう。

もっと理性的に考えれば、人々はステータス・トレッドミルの効果を正しく予見し、これがやっかいなゼロサムゲームでしかないことやそのゲームを回避できるということも見抜けるはずである。しかし、このような理性を実存する人間に要求すること自体が無理なのかもしれない。

結局のところ、人は誰も自分の相対的な立場しか顧慮せず、自分の行動が社会全体に与える影響については考えない。経済学者のロバート・フランク[22]の言う「個人的には賢いが、全体的には愚か」な行動の典型といえる。

というわけで、人々が高収入を得ようとたゆまず努力するのは、そうすることによって周囲に対する自分の相対的な立場が改善されると信じているからである。収入を増やすために欠かせないのが出世であり、人々はそのために常に出世をめざす。全員が同じ目標を抱えているときは、その社会のなかで相対的な立場を保守するために走るスピードをどんどん加速していかなければならない。このようなステータス・トレッドミルは全員を最終的に望む以上に働かせて、余計なストレスで苦しめることになる。

このような効果は、最近、和らげられるどころか多くの傾向によってさらに強まってきている。広告、マスコミ、ランキング・マニア、そしてステータスをそもそも周囲に示すことが困難になっていることなどが理由となって、ステータス・トレッドミルのさらなる加速を招いているのだ。

---

(22)（Robert Frank）アメリカの経済学者。コーネル大学経済学教授で〈ザ・ニューヨーク・タイムス〉紙にコラムを書いている。著書に『ザ・ニューリッチ - アメリカ新富裕層の知られざる実態』飯岡美紀訳（ダイヤモンド社、二〇〇七年）など。

第8章 要求トレッドミル

1 贅沢な住まい――一戸建てマイホームの夢が実現するとき

もう一度、第二次世界大戦後の西ヨーロッパへ時間を戻そう。ただし、今回の話題の中心は車ではなく住まいである。

このころは、ほとんどの家族が（当時、独身は珍しかった）二部屋ないしは三部屋しかないアパートに住んでいた。決して広いとは言えないアパートの中、どこも子だくさんの大家族で、一つの部屋を複数の子どもが一緒に使うのは当たり前だった。しかし、それでも不平を言う子どもはいなかった。第二次世界大戦前に比べれば、このようなアパートもすでに贅沢だったからである。

各部屋にはストーブがあって冬でも暖かかった。台所や風呂場では、必要なときにいつでも水道から水が出て、温かい食事をとりたければガスコンロに火をつけるだけでよかった。さらに、ほとんどの家庭にラジオがあり、居間にいながらにして世界中の刺激的な情報が得られ、主婦はアイロンをかけながら音楽を聴くこともできた。

しかし、今日の視点で当時を振り返ると、当時の住宅事情は決して贅沢とは言えない。狭いアパートではライフスタイルの個性化が阻まれ、夜などは全員が同じラジオ番組を聴かなければならなかった。台所にはまだ湯沸かし器がなかったため、当然お湯も出ない。冷蔵庫もなければ食器洗い機もなく、その代わりに両手がせっせと水洗いに励んでいたのである。ほとんどのトイレは屋外の通路にあり、ストーブはただスイッチを入れればよいというわけではなく、毎日、焚き木や石炭を地下室から運んできて燃やさなければならなかった。もちろん、シャワーなどは多くの人にとって夢でしかなかった。

何よりもひどいのは、まだテレビがなかったことである。こんな原始的な生活を送ることのできる人が今日いるのだろうか。現在では、刑務所ですらもっと快適に過ごすことができるようになっている。

一九五〇年代や一九六〇年代になると、高度成長によって暮らしが一段と贅沢になった。アパートは広くなり、一九六〇年代には早くもマイホームという夢をかなえる家族が出現した。その傍らでは一九六四年にピルが解禁され、これを境にして子どもの数が減少しだした。こうして、青春時代を自分だけの部屋で過ごすという幸福を手にした少年少女の数がどんどん増えていった。一九六〇年代には、洗濯機、シャワー、食器洗い機、セントラルヒーティング、そしてトイレがついたアパートが中級のスタンダードになっていた。また、居間の様子も変わっていった。居間の中心にはテレビが据えられ、その周囲をどっしりとしたソファが囲んだ。

このような生活面の急激な進歩のなかで、人々の幸福度は果たして上昇したのだろうか。本書の第1部で紹介した経験的調査の結果の通り、人々はやはり以前より幸福になったわけではない。第二次世界大戦直後はまだ贅沢品だった冷蔵庫や洗濯機もあっという間に普及し、まもなくあって当たり前の代物となった。とはいえ、当初は、仕事が終わって真新しい冷蔵庫から冷たいコーラを取り出せることはすごいことだった。これは、まったく新しい生活感覚だったのである。

人々はまた、寒い冬の朝に、廊下にあるトイレまでの長くつらい道のりを歩かずにすむことを喜んだ。しかし、そんなこともまもなく考えなくなった。新しい贅沢に対して感じた喜びは、それ以後に訪れた新しい状況に順応した結果、いつのまにか消え去ってしまったのである。住まいのスタンダードは現在さらに上昇しており、現代的な豪華なマンションやお屋敷と比べたら、城に住んでいた一九世紀の侯爵や伯爵は赤面しなければならないくらいである。

冷蔵庫はドアごとに温度調節が自在にできる「フードセンター」に、またテレビはリモコンで操作できる「マルチメディア・エンターテイメントセンター」に発展した。ちょっとリッチなアパートには、現代の個人的なライフスタイルにあわせてバスルームが二つあるのは普通である。そして、ちょっとリッチな一軒家では、フィットネスセンターやジャグジー、そして車が二台入るガレージも当たり前の設備となっている。

それなのに、街のなかでは、贅沢なバスルームが二つもあるアパートに住んでいると言って喜ぶ人の笑顔に出くわすことはない。新しい贅沢に対する喜びは絶対に長持ちしないものであるし、多くの人が「ル・コルビュジエ[1]」の長椅子に寝そべって雑誌を読んでも、シンプルな食卓用の椅子に座って雑誌を読んでもほとんど変わりがないという気の毒な経験をしているのである。

アメリカでは、暮らしの文化がヨーロッパ

チューリヒ近郊の町に立つヴィラ。表札はなく、分かるのは番地だけ。

よりさらに急速に変化した。一九五〇年、典型的な一戸建ての広さは一〇〇平方メートルを少し上回るくらいで、寝室が二つにバスルームは一つ、冷房や暖炉はまだついていなかった。二〇〇〇年、一戸建ての平均面積はすでに二五〇平方メートルまで広がり、寝室は三つ、バスルームが二つ、それに冷房や暖炉もついた。(＊1)

さらにこれらの家々には、コンロが六個ついた調理台、電子レンジと対流オーブンとウォーミングキャビネットがセットになったトリプルオーブン、ツードア・ディッシュウォッシャー、冷蔵庫と冷凍庫が左右に分かれているサイド・バイ・サイド冷蔵庫、あるいは小部屋のようなウォークイン冷蔵庫、家庭用スパつきのバスルーム、縦に複数のシャワーヘッドがついたマルチヘッドシャワーやスチームシャワー、床暖房、ウォークイン・クローゼット、あるいはホームシネマなどといった新しい贅沢製品が取り揃えられている。

しかし、人々の要求はそれ以上に高まっており、最近アメリカで実施されたアンケートでは、「住まいがもっと快適になればより幸せになれる」と答えた人が全体の七八パーセントにまで上っている。(＊2)

---

(1)　(Le Corbusier, 1887～1965)　スイスの建築家。住宅建築のほか都市計画にもかかわり、家具のデザインも行った。

だが、残念ながらこれは大きな勘違いである。現在、私たちは第二次世界大戦時に比べると信じられないくらい贅沢な生活をしているが、当時よりも幸せにはなっていないのだ。加えて、先述した贅沢品のなかには、購入したあと一度も使用されていないものがたくさんある。たとえば、アメリカの高級キッチン用品メーカー「ヴァイキング（Viking）」の製品のうち、七五パーセントは購入後一度も利用されていないことが分かっている(＊3)。

しかし、そんなことはメーカーのヴァイキングにとってはどうでもよいことである。肝心なのは、製品が売れることなのだ。

２　特定の幸福感がすり減るわけ——高まる要求

収入が増えると、しばらくの間はこれまでより幸せになる。そのお金で、より快適でより贅沢なライフスタイルを可能にしてくれる新しい商品やサービスを買うことができるからである。しかし、収入が増えると人々の要求もまたすぐに上がり、生活レベルが上がったことに対する新しい喜びは再び打ち砕かれてしまう。収入の増加によって幸福感が増すのは比較的短い期間で、収入が増えても要求はまだ以前のままの低いレベルにとどまっている間にかぎられる。このようにして、常に高まる要求とより高い生活レベルへの順応によって私たちは要求トレッドミルへと導かれていく。

この要求トレッドミルは、一九七一年に心理学者のフィリップ・ブリックマン(2)とドナルド・キャンベル(3)によって「快楽トレッドミル（hedonic treadmill）」という言葉で表現されている。これは、幸福感を長期的に停滞させるトレッドミルである。ブリックマンとキャンベルの言葉を借りると、幸福は、一般的に個人の購買能力のレベルとその人の要求のレベルとの差に左右される。(＊4) つまり、収入が増加して幸福を感じるのは、生活に対する要求と収入の差が大きくなったときのみなのだ。しかし、平均収入が増加する一方なのに対して、この差はいつもだいたい一定となっている。(＊5)

さらに、モノに対する要求は収入とともに大きくなるという事実から、一つの収入レベルにおける満足度はこれまでの収入の増加経過と関係があることも明らかである。たとえば、今年一〇万ユーロ（約一六〇〇万円）稼いだ人がいて、その人の前年の年収が九万ユーロだった場合、その人はおそらく今の収入にかなり満足しているはずである。しかし、前年の年収が一一万ユーロで今年一〇万ユーロになってしまったら、その人が満

（2）（Philip Brickman, 生年など不詳）アメリカの心理学者。ノースウエスタン大学心理学教授、のちにミシガン大学心理学教授を務める。
（3）（Donald Campbell, 生年など不詳）アメリカの心理学者。ノースウエスタン大学心理学教授。

足しているとはまず言えない。この場合、前年の年収が高かったためにその人の要求はすでにそのレベルに達しており、一〇万ユーロもの収入があってもそれに対する喜びは大幅に削減されてしまうことになる。それに対して、前者の場合は要求のレベルがまだ高まっておらず、そのため一〇万ユーロの収入に対して素直に喜べるというわけである。(＊6)

俗に「食べはじめれば食欲がわく」と言われるように、収入が上がるにしたがって人々の要求も上がっていくことはよく知られている。それでもなお将来の収入で幸福感を測ろうとするのだから、この事実はほとんど無視されているといえる。

人々は、収入の増加がもたらすであろう幸福をシステム的に過大評価している。これは、要求トレッドミルを顧慮していないからである。新しい車や新しい携帯電話を買ったらそのうれしさがずっとつづくと思っているわけだが、実際には、このうれしさはすぐに冷めてしまうのだ。(＊7)

このような現象に関する調査のなかで、もっとも優れているのが宝くじに関するものである。(＊8)ほとんどの人が、大金の当たることを期待して宝くじを買っている。その当選金でモノを買えば、世界旅行、マイホームの入手、高級車を乗り回したいといったさまざまな夢がかなうことになる。ひょっとしたら、仕事を辞めてしまってもいいと思うかもしれない。

しかし、それが実際に起こると、つまり本当に宝くじが当たると、自分はいつまでも幸福でいられるわけではないということを悟って愕然とするのだ。宝くじが当たったときは有頂天になって、人生に一度あるかないかの幸運を喜ぶのだが、数か月後には、再び当たる前と同じくらい幸せだったり不幸だったりするのである。

一般的に、人間は自分自身の感情のこととなるとうまく予測することができない。心理学者は、そのため「インパクト・バイアス（Impact bias）」という概念をすでに考えだしている。インパクト・バイアスとは、予測された将来の幸福感と実際に未来に感じる幸福感の差を指すものである。(*9) インパクト・バイアスは、ほとんどのモノにおいて陽性を示している。つまり、これらのモノがもたらすであろう将来の幸福は過大評価されているのである。

この陽性のインパクト・バイアスのもっとも極端な例が麻薬中毒だろう。この先麻薬がやめられなくなり、いずれは中毒になるということを正しく予測できれば中毒患者は一人も出ないはずだ。しかし、私たちはみな、麻薬患者が存在することを知っている。彼らの中毒は、結局のところ、中毒者をとくに不快ならしめるインパクト・バイアスの結果であり、中毒の悪影響を省みないために、彼らは麻薬で得られる幸福感を過大評価してしまうのである。

最近の心理学研究でも、人々の順応速度は商品や活動によってそれぞれ異なることが分かっている。(*10) 人間は収入の増加や物質的な豊かさの向上にはとても早く慣れ、当初の喜びは短期間で消え失せてしまうのである。

これとまったく異なるのが、食事や友人とともに過ごす時間、あるいはセックスである。これらに対して感じる喜びは磨耗しない。毎回楽しく食事をし、楽しく友人と過ごし、またセックスに対する喜びもほとんど変わらない。

しかし、人間は何かについて決定を下すとき、このようなことはほとんど意識していない。そのため、友人たちの重要さは過小評価されるばかりで、新車を買ったときの幸福感などが過大評価されることになる。

というわけで、非常にモノに依存した生活を送っている人々は、物質的な豊かさに重きを置かない人々よりも幸せになれなくて当たり前なのである。(＊11) 前者のグループはインパクト・バイアスがとくに大きく、そのため、彼らの要求トレッドミルは一段と目立ったものとなっている。

3　要求トレッドミルは常に加速せざるを得ない

キャリア思考——新しい文化の法則

要求トレッドミルもステータス・トレッドミルと同様、現在の新しい発展とともに加速をつづけている。アメリカからやって来た実力主義の影響はとくに強く、現在ではビジネスでもプライベートでもすっかりヨーロッパに定着した。

現状に満足してはならず、もっと貪欲に、もっと野心的にならなければならないというメッセージがどこに行っても聞こえてくる。「ナンバー2に甘んじるな」、何であろうとやるからには常にトップにならなければならず、認められるのは「ナンバー1」のみである。休憩なんぞもってのほかで、常により上をめざし、常にもっとたくさん生産し、常にもっと稼ぐべきなのである。自己満足しても、そのことを誰にも言わないでおくことが重要である。話したが最後、「野心に欠けるヤツ」だと解釈されるため、これは絶対的なタブーとなる。

出世には野心が欠かせない。出世は多くの人にとって人生の目的となっている。今勤めている会社が何をつくっているのか、あるいはどんな商品やどんなサービスを市場に送りだすべきかなどはどうでもよく、大切なのは出世すること、出世の階段を上へ上へと上がることである。そういうときにはどこに勤めようが関係はなく、出世に役立つならばと、ワイシャツを着替えるかのように勤め先を替えるマネージャーもいる。

ただ残念なことに、出世してもしばらくするとその状態が当たり前になり、喜びはあまり長つづきしない(＊12)。やっとのことで副部長になってもその喜びは長つづきせず、しばらくするとこの地位もごく当たり前になって、今度はまだ部長になっていないと腹立たしく思うだけである。

仕事に対する野心は常に要求トレッドミルを走らせる。出世をめざせばその人の要求は必ずどんどん高くなっていき、一番上にたどり着くまで決して満足をしない。そして、一番上に立てるのは、周知のように常に一人だけである。

このことを明らかに物語る、野心満々のある学生の半生を紹介しよう。

経営学を学んだ彼の大学卒業後の目標は、「マッキンゼー」(4)や「ボストン・コンサルティング・グループ」などの国際的に有名な会社に入ってコンサルタントとして働くことだった。このような会社に入社するということは、地上の楽園に到達したようなものである。しかし、そんな気分を味わったのも束の間で、一〜二年後には早くもプロジェクトリーダーにならなくてはならなかった。そうでないと敗者と見なされたからだ。しかし、これでもまだ足りなかった。その次には別の会社に移るか、有名なコンサルティング会社のパートナーになることが求められた。そして、まもなく大企業のＣＥＯが目標に据えられた。彼は、同じ所に立ち止まっているのが嫌だったのだ。

大学を卒業した人たちは、出世の階段を高く上って報酬をどんどん増やすが、その一方で要求も上がるばかりなので主観的な幸福感は停滞してしまう。このことからも、要求トレッドミルとステータス・トレッドミルがよく似ていることが分かる。ほかの人をしのぐために出世したいのだが、一方では常にもっと上を欲求し、何を得ても絶対に満足をしない。こうして、要求トレッドミルは走りっぱなしとなる。

このことは、当然のことながら経済界に蔓延するキャリア思考をさらに助長する。功名心にはやり、野心にあふれた社員ほど一生懸命に働くことになる。大きな野心を抱き、功名心に燃える人間は労働市場の人気の的であるため、出世を望む多くの人々は自分の野心をさまざまな形で外に向かってアピールしようとする。種々の学校に通って生涯勉学に励む心積もりがあることをアピールする人もいれば、定期的にフィットネスに通って重圧に耐えられることをほのめかす人もいる。また、ゴルフのハンディキャップがシングルであれば、その人は目標に対して実力をつけられるということを「証明」していることになる。

こうして見てみると、いずれの余暇も、職場でもっとバリバリと仕事をするために使われているようである。文化的な活動は創作力を高め、家族とともに過ごす時間は欠かすことのできない仕事とのバランスを保ち、ひいてはそれが仕事でもっとよい成果を引き出すことにつながっている。自分自身のための活動や楽しみはもはやなくなり、すべては何かの形で

（4）（McKinsey & Company）一九二六年にアメリカにつくられた世界的なコンサルティング会社。

出世につながらなければならない。そうでなければ、まったく時間の無駄というのである。

しかし、あまりにも大きすぎる野心をもつと、必ず自分で自分を不幸にすることになる。非常に高い野心をもっている人は、だいたいいつも不満を抱いていることが種々の調査で分かっている。なぜなら、高すぎる目標に手が届くことは滅多にないからである。(＊13) そして、仕事の世界でさらに上をめざそうとすればするほど目標達成の確率は低くなる。

周知の通り、ディレクターや社長は副ディレクターや副社長よりも人数が少ないので、キャリア志向でありながら落伍するという人間は上に行くほど増加することになる。みんながみんな、トップまで上り詰めることなどは到底無理なのだ。にもかかわらず、子どものころから私たちは、本当にやりたいと思えば何事でも実現できると教え込まれてきた。おそらくこれは、現代の最大かつもっとも危険な嘘だろう。身長一六〇センチメートルの男が有名なバスケットボール選手になれるだろうか。肥満の女の子が、世界を股にかけて活躍するスーパーモデルになるという夢をかなえることができるだろうか。

もちろん、ささやかな望みであれば一生のうちにすべてかなえることも可能だろう。本当にその気になればスワヒリ語を学ぶことも可能だし、毎日ジョギングをすることだって達成可能な目標である。しかし、ビジネスのなかで野心を抱く人は、バスケットボールの選手になりたいという小柄な男性やスーパーモデルを夢見る小太りの少女と同じである。知性や才能、あるいはエネルギーの欠如が出世の計画を最初からくじいているのである。これでは、当の本人が幸せを感じることはほとんどない。

幸福研究者のミハイ・チクセントミハイは、めざす目標と自己能力の一致が個人的な幸福を得る一条件であることを示している。(＊14) 野心が大きくなりすぎると、コントロールを失うような感覚や劣等感に悩まされ、極端な場合は、いわゆる「バーンアウトシンドローム（燃え尽き症候群）」にもなりかねないとしている。この病気については、アメリカの心理学会が次のように定義している。

「非現実的なほど高すぎる野心や、絵空事のようにまったく実現不可能な目標が誘発する心的、感情的、精神的に疲弊した状態」

というわけで、燃え尽き症候群が拡がっているのも当然と言えば当然のことなのだ。

広告

広告もまた、人々の要求が常に高まる傾向に拍車をかけている。生活にかかわるあらゆる分野でより良い、そしてより巧みな商品やサービスが絶えず消費者に向けて宣伝されており、人々の要求は上へ上へとつり上げられている。そうしなければ、メーカー側がどんどん性能がよくなっていると主張する商品やサービスは売れないのだ。

このようにして、私たちは買い求めた製品に対する満足が長つづきしないように操られているのだが、それというのも、老獪なセリフで有名な経済学者のヘルマー・ナールの言にあるように、「満足している状態は広告にとっての不幸」だからだ。

それは、ヨーグルトなどのごくシンプルな商品からはじまる。ヨーグルトは年々よりフルーティになり、より風味に富み、そしてもちろんよりヘルシーになっている。また、洗剤はもう数十年も前からよりきれいに、より白くなるように洗濯しつづけている。単なる「白」ではもはや足りず、服は「ウルトラホワイト」でなければならない。そして、これがさらに「ウルトラ清潔感」をかもしだしている。

しかし、ウルトラホワイトの洗濯物は人を幸せにしてくれるのだろうか。また、スーパーフルーティなヨーグルトが新しい幸福をもたらしてくれるのだろうか。普通、私たちは、このような新しい技術に感謝しながらウルトラホワイトに洗濯された衣服を身に着けているわけではないし、スーパーフルーティなヨーグルトもテレビを見ながらごく当たり前のように口に運んでいる。

エンタテインメントもまた、関係者によると常に改善しつづけられている。テレビのショーや雑誌はより面白く、より楽しく、より多様になるばかりで、映画となるともっとすごい。

毎年「今年最高の映画」が何本も制作され、果ては「今世紀最高の映画」にまで昇華する。どこへ行っても、あるのは最高の要求にこたえるべき最高級の商品ばかりである。

だが、私たちが実際に見ているものはいったい何だろうか。それは、安っぽい効果で活気づけられた退屈なハリウッド映画である。どれにしても見飽きたこれらの映画は、揺り起こされた私たちの要求に少しもこたえていない。テレビのショーにしてみても、根本的には一九五〇年代からほとんど変わっておらず、当時も今も、人々は同じジョークに対して笑っている。広告の「偉大な約束」はたいてい空っぽであることが明らかとなり、要求と現実の相違は大きくなるばかりである。

多様化の一途をたどる休暇や余暇の過ごし方もしかりで、今日、人々はもはやただ単に車や飛行機でどこかへ休暇に出かけるというだけでは満足しなくなっている。広告は、エキゾチックな土地で過ごす夢のバカンスを約束し、そこでは、ウルトラホワイトの砂浜に影を落とす緑のパームツリーの下に寝そべって冷たいドリンクを楽しむ。それだけにとどまらず、高級バンガローに宿泊して、毎晩ビュッフェで豪勢なご馳走を心ゆくまで味わう。昼間は海でダイビング、自然公園でサファリツアー、あるいはホテルのウエルネスでゆったりとした時間を過ごす。夢のバカンスでは、いまやすべてが可能で満足と冒険の連続である。

ところが、現実はこのような約束事にはまったくついていけず、失望はほぼ確実にやって来る。たとえば、持ってきた日焼け止めクリームのSFP値(5)が低すぎて真っ赤に日焼けしてしまったときなどだ。高い要求ばかりが揺り起こされると、ちょっとしたことでフラストレーションを感じてしまうのである。

医学の進歩

医学やバイオテクノロジーの進歩もまた要求トレッドミルの加速を招いている。人間はようやく自然の摂理に手を加え、生来よりも自分をさらに素敵に、さらに陽気に、あるいはさらに知性的にすることが可能となった。美容整形分野の著しい成長は、とりわけもうすでに若くはなくなった女性の体に対する要求を相当に高めることになった。

アメリカのある地域に住む五〇歳の女性は、フェースリフティング(6)なしではもうほとんど落ち着いて生活できないと言う。そのあたりではこれがすでにスタンダードになっており、このくらいの年齢になっても、女性は若々しく見えることが求められているのである。

シルバースタインとフィスクは、著書『なぜ、高くても買ってしまうのか（Trading Up）』のなかで、フェースリフティングに二万ドル（約二一〇万円）を注ぎ込んだ四八歳のグロリアという女性について報告をしている。

手術の前、彼女はすでに同じような手術を受けたおよそ二〇人の女性に会った。そして、自分も絶対に同じ手術を受けなければならないと確信した。手術後、彼女は自分が以前よりリラックスし、より健康に、そしてもちろんより美しくなったと感じており、夫もそんな彼女に驚いていると言う。

「夫も気に入っているわ。女性からは、実際の年齢よりも一〇歳は若く見られるのよ。手術を受けてよかったわ」と、グロリアは話している。

二〇〇四年にアメリカで美容整形に注ぎ込まれた金額はおよそ九〇億ドル［約九五〇〇億円］で、その成長率は四〇パーセントにも及んでいる。(＊15) 二〇〇四年七月のある女性雑誌には、「美容整形は私のサラリーを倍にしてくれた」という見出しが躍った。このような手術は、結局、報われるようである。

自分の体や頭脳からより多くの可能性を引き出そうとする試みは、今日、美容整形だけにかぎらない。たとえば、私たちの体や頭をより柔軟にし、それによって心的、知的な努力を軽減してくれる物質がある。プロザックなどの向精神薬は、鬱気味になったときに服用すれ

（5）（Sun Protection Factor）紫外線β波を遮断する強さのこと。
（6）顔の皺やたるみをとる手術のこと。

ばすぐに気分を晴れ晴れとさせてくれ、私たちはほぼ常時「幸せ」でいられるようになる。

子どもにしても、もう自然のなすがままに任せなくてもよくなった。遺伝子のスクリーニングを行って生殖段階で理想的な子どもに仕立て上げ、その後は学校で集中して授業を受けられるように適切な医薬品を使えばよい。養育の苦労を一身に背負った末に、「子どもがこんなふうになったのは親のせいだ」と誰も罵られたくはないのである。

寿命を延ばすための多種多様な方法も忘れてはならない。現代の人間は死とはかかわりをもちたくないと思っているため、老化速度を緩めるあらゆる薬品や治療が現れて、より活発な生活をより長く送ることができるようになった。そして、これによって年齢に対する要望は恐ろしいほど上昇し、現在では定年退職した人々も「ファン・アンド・アクション（楽しく活発な生活）」を求めるようになっている。

そのような最新医薬品のなかには、一般庶民にはまだ手が届かず、ほんの数万人の大金持ちにしか入手できないようなものもある。だが、この分野の進歩はますます拡大するばかりで、現在では医学の力によって醜さや愚かさ、老い、そして鬱から自分を解放することが一部では可能になったように思われる。その結果、要求は著しく上昇し、人々はみな美しさや若さ、素晴らしい生の喜びといった夢を実現できるようになったと思っている。しかし、それと同時に、体のあちこちを切り裂き、口のなかにさまざまな薬を放り込んだにもかかわらず待望の幸福感が訪れなかったときに感じる失望感もまたその分だけ大きくなるのだ。自然を騙すことはやはりできないのである。

結局、このような医学の進歩において肝心なことは、基本的に今の経済システムに隠れている形而上の根本的な矛盾を解決することである。技術の進歩と経済成長によって生活水準は上がるばかりだが、そのおかげで人々の生活はより快適に、より刺激的になった。つまり、未来は常に過去よりも素晴らしいものに思えるのだ。しかしこの対極には、一人ひとりの人間はすでに年老い、もろく、しかも恐ろしいことにいずれは死んでしまうという現実がある。この二つはまったく相容れず、未来は常に向上するものというイメージは崩壊に追い込まれることになる。

それゆえ、医学における研究は、死の訪れを先に延ばして命を延ばそうと必死である。それでも老いや死をなくすことは不可能だし、私たちに残されているのは今も昔もそれを心理的に追い払うことのみである。このことに関しては、私たち人間はいまやエキスパートとなっており、一生涯、死から目を逸らすために現代社会は常に新しい方法を編みだしてきた。

４　要求トレッドミルと幸福

　このように、生活レベルの向上とともに増大するさまざまな要求が要求トレッドミルを動かす力となっている。突き詰めると、これは「収入」と「幸福を得るための収入に対する要求」との差であり、収入が増加して生活レベルが向上しているのに対してこの差はだいたいいつも同じである。つまり、幸福感は停滞しているのだ。要求の上昇に対しては、今日まで、どうやらまったく手の打ちようがなかったようである。

　しかし、要求トレッドミルもステータス・トレッドミルと同様、一般的に人々から無視され、決定を下すときにはほとんどなおざりにされつづけてきた。物質的な豊かさとともに上昇していく自分の要求を正しく予測することができれば、モノに対する喜びはしばらくすると冷めてしまうということに気づくはずである。

　しかし、最近の社会的および経済的な傾向は、要求トレッドミルを加速させるばかりだ。文化が新たに求める出世思考、広告、医学の進歩などが、私たちの要求を常に新しい、そしてめまいがするほどの高さにまで突き上げているのである。

第9章 マルチオプション・トレッドミル

1　テレビ局の増加——それでも同じ局しか見ないわけ

第二次世界大戦後のヨーロッパにもう一度戻ろう。当時はまだテレビがなく、人々は家のなかでラジオを聴くしかなかった。しかし、そんな時代もまもなく終わり、テレビ番組が制作されはじめて、家族で過ごす夕べに革命とも言える変化がもたらされた。自分たちで楽しみをつくりだすというやっかいな仕事からやっと解放され、居間に据えられた、売りだされたばかりのテレビを通じてプロに楽しませてもらえるようになったのである。

一九五〇年代にはまだ選べるほどの放送局はなく、放送時間は一日に数時間のみでその放映も白黒だった。しかし、それが何だと言うのだ。動く画像を毎日受信できるようになっただけでもすでにたいへんな刺激であり、番組の内容は二の次でしかなかったのだ。

まだテレビ受信機を持っていない隣人を含め、家族全員が毎晩期待に胸を膨らませながらテレビの周りに集まって、ニュースや映画、サッカーの試合、テレビのショーに夢中になった。そして、土曜日の夜にドラマが放送されるともなると、何日も前からこの大きなイベントをみんなが楽しみにしていたのだ。

一九六〇年代、状況はさらに進展した。二つ目、三つ目のテレビ局が現れ、そのなかから自分の好きな番組を選んであれこれと見ることができるようになった。まもなく隣国のテレビ局も受信できるようになり、テレビを見ながら過ごす夜の番組オプションが格段に広がった。そして次の数日間、とりわけ次の週末にどの番組を見るかを事前に計画できるように、テレビ番組用の雑誌が発売されるようになった。

週末に見た番組のハイライトは、たいてい月曜日の朝に職場で話題の中心となった。このころはまだテレビ局の数も少なく、ほかの同僚もたいてい同じ番組を見ていたのである。

これは学校に通う子どもも同じで、休憩時間には『ターザン』や『名犬ラッシー』、『わんぱくフリッパー』など、今も忘れがたいヒーローたちの話に花が咲いた。このように、子ども向けのテレビ番組はすぐに子どもの日常に欠かせないものになった。そして、このことには多くの母親も同じく喜んだ。つまり、当時はまだ子だくさんの家庭が多く、その大勢の子どもたちは、それまでテレビの前でのようにおとなしく座っていることはなかったのである。

一九七〇年代になると受信できる放送局の数が一段と増え、ついにカラー放送もはじまった。放送時間が長くなり、朝のテレビ番組は退屈している主婦や定年退職をして家にいる人々の気分転換となった。

しかし、最大の革命は何といってもリモコンである。チャンネルを変えるためにいちいちソファから立ち上がり、テレビの前まで行ってボタンを押すという面倒なことをしていたことなど現在では想像もつかないだろう。

かつてのような状況では本当にチャンネルを変えるべきかどうかをよく考えたが、リモコンの登場によってこの大仰な操作が大幅に削減され、これによって新しい「ザッピング文化」[1]が生まれることとなった。そして、複数のチャンネルを平行して見るという利用の仕方もはじまり、複数の番組を同時に認識することが可能になった。また、視聴者は見たくないCMは見なくてもよくなり、快適にソファに座ったままCMがはじまったらリモコンですぐに別のチャンネルにパチパチと切り替えることができるようになったのだ。

その後まもなくして一九八〇年代になると、チャンネルの多様性はまともな選択が不可能となるまでに広がった。ケーブルテレビや衛星テレビの登場で世界中のテレビ局が受信できるようになったのだ。同時に民放も増加の一途をたどり、チャンネル選びは苦悩とも言えるものになった。

いまや、セックスであれ、暴力であれ、音楽であれ、日がな一日視聴することが可能にな

（1）チャンネルをパチパチと頻繁に変えること。

った。しかし、番組が豊富になったことに対する喜びは思ったほど大きくはなかった。理想的な番組選択を行おうとすれば何時間も番組雑誌を見て検討しなければならないし、そんなことをしていたらテレビを見る時間などもう残らない。これは、ほとんど出口のないジレンマであり、これから解放されるためにはただ一つの方法しかなかった。つまり、人々は無差別にあちこちのチャンネルをパチパチと変えながら見る「ザッピング」をはじめたのである。チャンネルの選択はますます偶然に任され、自分がいったい何を見たいのかが分からなくなる人は増える一方である。

一九九〇年代に入ると受信チャンネル数はさらに爆発的に増え、今日では自分の居間にいながらにして一〇〇〇を超える放送局を受信することもできるようになった。しかしこれによって、理性的に番組を選択することは、ほとんどの視聴者にとって白旗を挙げざるを得ないほど困難となった。結局のところ、すべての余暇を費やして番組雑誌を調べるということなどは誰もしたくないのである。

もっともよく選ばれる「降伏戦略」は、お気に入りのチャンネルの番組をいくつか見るだけにして、残りを無視することである。ところが、このいくつかの番組は、すでに一九六〇年代によく見られていたものとほぼ同じ、つまりニュース、クイズ、ドラマ、サッカーの試合、動物が出てくる映画などである。追加されたのは、男性の視聴者を対象としたセックス番組くらいだろう。

二つ目の降伏戦略は偶然に身を任せるものである。まず、テレビのスイッチを入れてしばらく何かをぼお〜っと眺め、飽きたら次のチャンネルに変える。これを繰り返していると、寝る前には何を見たかはほとんど覚えていないはずである。

このような状態であるため、一九六〇年代当時を悲哀とともに思い起こす人が多い。当時のチャンネル数は今よりずっと少なかったにもかかわらず、テレビを見るのが実に楽しく、心から楽しみにしていた番組があったのだ。今日の、多様化した番組に対する喜びはいったいどこに存在するのだろうか。

このように、番組の増加は同時に問題も引き起こしている。経済用語では、これを「機会費用」（本来の目的と平行して存在する別の可能性を選択実行したがために得られなかった利益）と言っている。

チャンネルが一つしかなければ、ほかのチャンネルに対する機会費用はゼロである。この場合、あるチャンネルのある番組を見るときにほかの番組をあきらめなければならないということはない。たまたま土曜映画劇場を見たからといってほかのチャンネルでやっているほかの映画を見逃すということはないので、この場合の決定は実に単純である。しかし、チャンネルが二つになると、途端に機会費用が高くなる。なぜなら、一つのチャンネルを見ると決めた途端に、もう一つのチャンネルの番組を見ることができなくなるからである。

このようにチャンネルが増えれば増えるほど、チャンネル選択の機会費用は高くなっていく。一つのチャンネルを見ると決めたときにあきらめなければならないチャンネルの数は増えるばかりである。「Sat1」で西部劇を見るのであれば、「Pro7」でやっているアクション映画も「ZDF」[(2)]が放映しているギャング映画もあきらめなければならない。もちろん、現代の技術を使えばほかの映画を録画してからあとで見ることもできるが、そうしたところで問題の解決にはなっていない。その後もテレビではやはり何本もの映画が放送されており、前に見損なった映画の録画を見るためにはそれらのすべてをあきらめなければならないからだ。

問題は常に同じである。つまり、「多すぎる番組、足りない時間」である。異常なほどのチャンネルの多様化も、人々をより幸せにすることはできなかった。「選択の喜び」は、いまや「選択の苦悩」となっているのだ。

2　選択の苦悩——理想的な決定が不可能なわけ

テレビチャンネルというオプションの著しい増加は、世の中が全体的にマルチオプション社会へと発展していることを示すほんの一例である。[(＊1)]収入の増加が製品やサービスの恒常的な多様化を招き、これがさらに消費や投資、余暇の過ごし方やライフスタイルのオプションを常に新しくつくりつづけている。こうしてこの数年、簡単な買い物にせよ、個人の人生設計にせよ、さまざまな可能性がまさに爆発的に増えてきた。

アメリカでは、一九八〇年から一九九八年の間に食品や飲料水、化粧品、あるいはペットフードなどの消費財がどの程度多様化したかという調査が行われた。一九八〇年の商品総数は合計四四一八個、一九九八年にはそれがすでに二万四九六五個まで増加した(*2)が、これは五六五パーセントもの増加率である。

製品の多様化は、スイスのスーパーマーケットでも身近に体験することができる。ヨーグルト一つを買うにしてもその選択肢は驚くほど大きい。国内外のフルーツ、ベリー、ナッツ、チョコレート、そして考えうるかぎりのこれらの組み合わせによってありとあらゆる風味が存在し、消費者はどれにするかを決めるのに途方もない喜びに襲われている。

だが、これはまだほんの手はじめで、このように多様な風味はこの何倍も存在している。市場経済においては競争が支配しているために、フルーツやベリー、ナッツ、チョコレートの味がするヨーグルトをつくる会社はほかにもごまんとあり、どの会社もよりフルーティで

---

(2)「ZDF」は、ドイツの国営放送の一つ。「Sat1」と「Pro7」は、ドイツの民放テレビ局。

より風味のあるヨーグルトで他を凌駕しようと必死になっているのである。そのうえ、ローファット・ヨーグルトやデラックス・ヨーグルト、バイオ・ヨーグルトに飲むヨーグルト、子ども用の特別楽しいヨーグルト、そしてもちろん限定品も加わって、ヨーグルトだけでも幅何メートルもある長い陳列棚がいっぱいになっている。

これほど単純な製品でも、買うとなったらこのように複雑な選択を行わなければならない。フレッド・ハーシュは、これを「小さな決定の暴虐」と言い表した。(＊3)

私自身、どのヨーグルトを買っていいものやらと迷いに迷って、ヨーグルト売り場の前を行ったり来たりしている自分に気づいたことが何度もある。そして、それがあ

容器も色とりどり。どこのスーパーに行っても、ヨーグルトの種類は多種多様。

まり愉快なことではないために、常に同じ決定をすることで私はこの問題を解決した。つまり、おいしかったと記憶しているハーゼルナッツ風味のヨーグルトをいつも買うのである。言い換えれば、私は多すぎるほどのチャンネルに困惑したテレビの視聴者とまったく同じことを行っているのだ。「理想的な購入決定を行うためにすべてのヨーグルトを比較する」という過大な要求に耐えられず、私はいつも同じものを買うこととなった。

一九八九年の一年間、私はベルリンに住んでいた。同年一一月に壁が崩壊すると、すぐに街の東側に引っ越した。あの当時を思い出すと、少しノスタルジックな気分になる。食品店はまだ東ドイツ時代と変わらず、ゆえに商品の選択肢もかなり少かった。ヨーグルトも一つの風味しかなかったが、ときどき種類が入れ替わっていた。どの日にどんなフルーツやベリーの味になっているのかがまったく分からなかったので、選択に悩まされることもなくその日にある風味のヨーグルトを買っていた。だが、驚くなかれ、これらのヨーグルトは、もうすでに若くない私がこれまで食べたなかでも指折りのおいしいヨーグルトだった。そして、このヨーグルトを含めて、かぎられた種類しかない食品には買い物を非常に簡単にしてくれるという長所があった。

マルチオプション社会は、もちろんヨーグルトやフルーツカッテージチーズなど乳製品の多様性だけに現れるわけではない。いやが上にも、日常の家計に大きくかかわる決定をしなければならない場合はほかにもたくさんある。たとえば、一番安い電話会社を見つけるという作業は繰り返しやって来る問題である。しかし、電話会社も電話会社で、もっとも安い会社がすぐに分からないように他社との比較をできるだけ困難にしようと努めている。

多くの電話会社は、新規契約者向けの特別商品や特別割引、あるいは条件を常に変えることなどによって私たちを混乱させるようになった。そしてその結果、私たちはもっともよい会社を選んだのかどうかについて、まったく自信がもてなくなったのである。

このような決定をまじめに行おうと思ったら、余暇にほかのことをやる時間はほとんど残らないだろう。お金をどのように貯蓄するのがいいのか、保険会社を今変えたほうがいいのかというようなことも、長々と考えることはできないのだ。

私たちのエネルギーや時間は、もっぱら日常的な決定のほんのいくつかを理想的に行えるくらいで、残りの決定はほとんど偶然的に行われている。全体的に見ると、生活の一部で理想化を図るとほかで無駄遣いをしてしまい、支離滅裂な行動を招くことになる。今日ほどオプションが増えた社会においては、すべてを理想化するということはもはや不可能なのだ。

常に決定を下さなければならないのは余暇も同じである。さて、今年の休暇はどこへ行こうか。太陽の光がサンサンと降り注ぐカリブ海のビーチに寝そべるか、それとも食べ物がおいしいタイのビーチのほうがいいかな。いやいや、ケニアのビーチで過ごすほうがいいだろう。そうすればサファリも楽しめる。あるいは、モルジブで泳ぎながらダイビングスクールに参加するという手もある。だが、去年の休暇もビーチで過ごしたのに今年もビーチでいいのだろうか。ネパールのトレッキングツアーとか、アマゾン川の水源へさかのぼるクルーズといったアドベンチャーのほうがよいのではないだろうか。

オプションは数え切れないほど存在し、そのほとんどが「これ」と決めるための決定的な要素に欠けている。そして、そのことについて考えれば考えるほど事は複雑になってくる。なぜなら、そんなことを考えているうちに、そもそも休暇に出かけること自体に果たして意味があるのかと疑問に思えてくる可能性もあるからだ。それよりも、お金を貯めて年中利用できる新車を買ったほうがいいのではなかろうか。

合理的な決定を下すためには、この休暇がどのくらいの楽しさをもたらすのかが分かっていなければならないし、その楽しさと新車を購入する喜びとを比較してみなければならない。しかし、このように面倒なことをやり通せる人はほとんどいないはずだ。

マルチオプション社会はまた、人生における大きな決断の際にも感じ取ることができる。人生にかかわる決断は、昔から地域や文化の伝統に大きく左右されてきた。男性は義務教育を終えると一つの職業を学び、結婚し、子どもをもうけ、定年まで働いて、その後は孫の顔を見ることを楽しみにして過ごしてきた。そして、その孫にもまた彼と同じような一生が待っていた。一方、女性はほとんど職業について知ることもなく、学校を卒業したらすぐに結婚して、家族や子どもの面倒を見て過ごしてきた。

しかし、現在では宗教や文化の伝統がつくり上げたルールは影響力を失うばかりであり、これまでのような人生を強制されることはなくなった。結婚するかしないか、子どもをもつかもたないか、初めに習得した職業をつづけるかなど、すべて自分で決めることができるようになった。結婚したとしても好きなときに離婚ができ、現在では結婚したカップルの約半数がそのような決断を下している。

つまり、「何でもＯＫ」なのである。ただし、たいていの場合はあまりうまくいっていない。ここでも悲しいほどに明白な条件が欠けているため、私たちは自らが下す決定にほとんど自信をもてないでいる。

マルチオプション社会がもつ新しい選択の自由は、外部からの強制や制限がなくなった素晴らしいものである。しかし、その代わりに新しい制限が自分自身のなかに生まれる。そして、このオプションの多様性に手を焼いている自分に気づいて愕然とするのである。

このような理由から、人々はしばしば、選択の可能性が少ない場合により心地よさを感じることがある。[*4] その典型的な例として、出生前の診断が挙げられよう。これから母親（あるいは両親）となる人に向かって、医師が「あなたのお子さんは、おそらく重度の障害をもつと思われます」と告げたら、その女性はほとんど乗り越えられないほどの精神的なジレンマに陥るだろう。

堕胎を決意したときには、豊かな才能を破壊してしまうのかもしれないと悩むことになる。というのも、障害はもしかしたらそれほどひどくないかもしれないからだ。そして、堕胎しないと決心した揚げ句に子どもが重い障害をもって生まれてきたら、その子どもはこれから一生大変な思いをすることになり、その責任が母親の肩にのしかかることになるかもしれないのである。(＊5)

こうなると、選択は暴虐以外の何物でもない。そのため、親にそんな決断をさせなくてもすむようにと、出生前の診断を禁じている国もある。

3　オプションがあるのはいいこと――だが、多すぎると幸せは保障できない

心理学に関する最近の調査を見ると、あまりにも多すぎるオプションから何か一つを選択することはあまり好まれていないことがよく分かる。このことは、毎日の買い物に必要な決断にも現れている。

シーナ・アイエンガー(3)とマーク・レッパー(4)の二人の心理学者は、ジャムとチョコレートを

購入するときの人々の満足度を分析した。これらはご存知の通り、バリエーションと風味の種類がとても豊かな商品である。

二人が調査したのは、六種類から商品を選ぶときと三〇種類から商品を選ぶときの消費者の満足度だった。結果はほぼ予想通りで、消費者の満足度は六つのなかから選ぶときのほうが断然に大きかった。三〇種類もあると消費者はどれを選んでよいか分からなくなり、選択の喜びは消え失せてしまうのである。(＊6)

オプションの数と消費者の満足度の関係をグラフにしてみると、Uが逆さまになった形のカーブになる。(＊7)オプションの数が少ないうちは数の増加とともに満足度も高まるが、ある一定数を超えると満足度は低下しだす。この限界値を超えたとたん、オプションの数と選択時の満足度の関係はネガティブになるのである。また、この限界値を超えたとき、オプションの数の増加とともに低くなるのは満足度だけではなく決断の質も下がる。なぜなら、自分に最良のオプションを選択することがますます難しくなるからである。(＊8)

決断する代わりに人々はシンプルなルールに逃れ、一見してもっとも安い、あるいはもっとも高いオプションを選択するようになる。しかし、このようなシンプルなルールは粗悪な決定を招くことが多いため、オプションが多すぎて困る場合は他人に決断を任せることになる。こうすれば、のちにその決断を後悔することになったとしても、それをほかの誰かに責任転嫁をすることができるのだ。

これらのことからも分かるように、幸福感の上昇は、工業諸国の平均収入がいかに増加したところでマルチオプション・トレッドミルにどうしても妨げられてしまうことになる。

オプションが少ないときに商品やサービスが多様化すれば、それによって付加的な欲求が満足させられて生活は楽になり、そして喜びも多くなるため当初は満足度も幸福度も上がる。しかし、ある程度の生活水準に達して主な欲求がカバーされると、逆さになったU字曲線の頂点に達してしまって、それ以後はオプションの数が増えても主観的な幸福感にマイナス作用が生まれる。そうなると、「選択の喜び」はもはや「選択の苦悩」と成り果てる。そして、この時点をすぎると私たちはマルチオプション・トレッドミルのなかに入り込んでしまい、その存在感は、オプションの数がさらに多く、さらに早く増えるにしたがって大きくなってしまうのだ。

（３）（Sheena Iyengar, 1972～）アメリカの心理学者。コロンビアビジネススクールマネジメント学部の教授。
（４）（Mark Lepper, 1944～）アメリカの心理学者。スタンフォード大学心理学教授。

４　期待は大きく現実は厳しく――オプション、偽オプション、幻影オプション

すでにほとんど飽和状態となっている市場で商品やサービスを売りつづけるためには、商品の多様性やサービスの種類を絶えず増やしていかなければならない。そうしないと、経済界でよくいう「限界効用逓減《ていげん》の法則」がまもなく生じることになる。

靴のタイプが数種類しかないのに、しょっちゅう靴ばかり買ってもしかたがない。所有する靴の数が増えれば増えるほど新しく買った靴の付加価値は小さくなり、いずれは靴を買う価値がなくなるくらいまで小さくなってしまう。多くの人々がこのような状況に陥ると、靴の市場は飽和状態となって売上数は頭打ちとなってしまう。

しかし、靴の種類が豊富で、毎年新しいデザインのものがつくられると靴の売上数はどんどん伸びる。商品の新しいバリエーションが次々に生みだされ、人々の購買欲求を掻き立てることになる。このことを誰よりもよく知っているのは、おそらくフィリピンのイメルダ・マルコス元大統領夫人だろう。かつての全盛時代、彼女の靴のコレクションは実に一六〇〇足にも上った。(5)

今日、靴には特別ジョギングシューズからエレガントなパンプスまで膨大な数のオプションがあり、すでにもう十分な数の靴を揃えているにもかかわらず、私たちは常にまだ靴を買

おうという気持ちにさせられている。そのときは新しいものを買っているつもりでいるが、実際のところは、商品は同じでバリエーションが異なるだけである。

靴のほかにも例となるものはたくさんある。たとえば雑誌である。講読者数が減る一方なのに新しい雑誌がどんどん発行されている。オンラインマガジンの〈ポップカルト（Pop Cult）〉の編集者であるコウリー・トゥルチン[6]は、最近、雑誌の成長について以下のように書いている。

「プリントメディア市場は死に絶えたとよく言われるが、その割に雑誌の売場ははちきれんばかりだ。電子工学や裁縫、あるいは人形などを扱う特別な隙間商品ならまだしも、増えている雑誌はどれもこのようなカテゴリーには属さない。全体的に厚く、きらびやかで高価になっているのは、『スタイルマガジン』と呼ばれ、何やら高い野心を抱いているかのように見える雑誌である。もっとも、それが何なのかと聞かれても答えることはできないのだが、ひょっとして文化だろうか。

（5）（Imelda Marcos, 1929～）フィリピン第一〇代大統領フェルディナンド・マルコス夫人。一九八三年、人民革命の発生でハワイに亡命。夫の死後、フィリピンに戻った。

（6）（Coury Turczyn, 生年など不詳）アメリカのライター、編集者。オンラインマガジン〈ポップ・カルト〉〈G4.com〉などで活躍。

これらの雑誌はすべて自画自賛にあふれており、満足気な編集長の巻頭言で飾られ、高価な装丁でスタイルも洗練されている。しかし、中味はイマイチである。巻頭言で大々的に宣言されたビジョンは、たいてい二流有名人の『リサイクル・インタビュー』や最新モードのモジリで終わっている。

これらの発行物を読んでいるのはいったい誰なのか。発行者はどうしてこのような代物を印刷しつづけることができるのか。なぜ、ここに広告を載せる企業が存在するのか。おそらくその答えは、このような雑誌は何かしら大切なことを提供しているという集団幻想のなかにあると思われる。そして実際、それは確かに幻想でしかないのである」

多様性が著しく拡大したために、いまやほとんどの商品の一つ一つが、実際何の役に立つのかということについて製造者以外に分かっている人はいない。いや、厳密には製造者自身にも分からないことがほとんどだ。しかし、売上数が伸びているかぎり、そんなことは製造者にとってはどうでもよいことである。大切なことは、新しいオプションが何か新しいことを提供し、それによって人々の満足度が高まるという幻想を抱きつづけることなのだ。

雑誌やテレビ番組などの一見多様なオプションは、実は偽オプションだけで成り立っているケースがほとんどである。このような場合の多様性は単なる「フリ」でしかなく、現実にはまったく同じ内容がリサイクルされつづけているだけだ。

雑誌の種類は幾百にも及ぶが、読んでみるとどれも同じテーマを少しずつ異なる分量でミックスしているだけである。たくさんあるテレビ番組にしても、大勢の人々がとっくにうんざりしている同じようなショーや連続ドラマ、映画、バラエティー番組で構成されている。このような偽オプションの存在が、商品のもつあらゆる多様性に対する喜びを私たちからさらに奪い取っているのである。

マーク・トウェイン(7)は、早くも一九世紀に「文明とは、不必要な必然性の絶え間ない増加である」と認識していたが、どうやら彼の見解は正しかったようである。増加する一方の商品やサービスの種類はまさにこのような不必要な必然性であり、よく考えるとこれらはみな偽オプションにほかならない。

偽オプションのほかに、いわゆる幻影オプションというものもある。このオプションはどの人にも手が届くかのように見えるが、実はそれは一見でしかない。金持ちで魅力的な人、あるいは有名な人にとっては選択の幅も広がってマルチオプション社会は魅力的なものに感

（7）（Mark Twain, 1835～1910）アメリカの小説家。ユーモラスな児童文学の作者だが、晩年は厭世的作風に変ずる。『トムソーヤーの冒険』大久保康雄訳（新潮社、一九五三年）などがある。

じられるが、貧乏で醜く、教養の低い人々の目にはそのようには映らない。本当に魅力的なオプションは、彼らにとってたいてい幻影オプションでしかないのである。もちろん、彼らも何百とあるテレビチャンネルやヨーグルトのなかから好きなものを選ぶことはできるが、そのときに感じる幸福感はそれほど大きくはないのだ。

より大きい幸福を感じられる機会は、第1章で紹介した研究結果が証明している通りセックスである。ただし、「セックスをすること」は口にするほど簡単ではない。さらに、高望みをして魅惑的なパートナーを求めたりすると、多くの一般市民にとってはセックスも幻影オプションになり果ててしまう。マスコミやCMの至る所で色気がほとばしり出るような美男美女にお目にかかるわけだから、フラストレーションもよりいっそう高まるというものである。

フランスの作家のミシェル・ウエルベック(8)は、一九九四年に出版した著書『闘争領域の拡大（Extension Du Domaine De La Lutte）』のなかでこのテーマを扱っている。ここで彼は、一九七〇年以降の性の解放を通じて、逆に新しい性の階級が定着していった様子を叙述している。

性の解放は、多くの人々がセックスできなくなるという矛盾した状況をつくりだした。この著書に登場する人物の一人は、まったく女性にモテないほど不細工だったために売春婦を相手にするしかなく、フラストレーションをためるばかりだった。性の解放によってこのような現象が起こることになろうとは、誰も想像しなかったにちがいない。

この解放で得をしたのは出世頭と美しい人と金持ちで、彼らの性生活のオプションはかなり広がった。彼らは、多くの魅力的なパートナーとセックスすることができるようになった。しかし、ヒエラルキーの底辺にいる人々の様子は異なり、彼らに残されたのは孤独とポルノグラフィーと自慰だけだった。このようにして、マルチオプション社会は「現代の地獄」という正体を現すのである。

ウエルベックが叙述した新しい性の階級は、魅力的なオプションが多くの人々の手に届かず幻影オプションとなってしまう例の一つにすぎない。また、経済的なヒエラルキーもなくなってはおらず、むしろ増加の傾向にある。多くの国々で収入の格差が拡がっており、わけても魅力的なオプションは下層階級の手には届かないでいる。金銭的に恵まれている人々のためのオプションは、逆に誰にでも知られているわけではないという事実によって初めて魅力的なものになることが多い。この点において、マルチオプション・トレッドミルとステー

---

(8)　(Michel Houellebecq, 1958〜) フランス (レユニオン生まれ) の作家、詩人。本文掲載書籍は、中村佳子訳、角川書店、二〇〇四年。ほかに『素粒子』野崎歓訳 (筑摩書房、二〇〇六年) などがある。

タス・トレッドミルの間には緊密な関係が存在すると言えよう。

新しいオプションは、ステータスシンボルにも次々とつくりだされている。そして、それらのオプションは経済的にあまり恵まれていない市民にとっては幻影オプションとなる。幻影オプションは増加すると偽オプションと一緒になって、多くのことを約束しながら、それをほとんど守ることのないマルチオプション社会で多くの人々の不満を募らせている。

5　増大する選択の苦悩

マルチオプション社会は、代々受け継がれてきたさまざまな制限から人々を解放した。宗教もほかの道徳的な伝統も、現代の人々がつくり上げる独自の生活スタイルにもはや何の制限も加えなくなっている。これまでの世代に比べると、現代の男女は前代未聞ともいえる自由を享受している。しかし現実には、個人個人のニーズに合わせた商品を消費しながらその個人もときどき疲れ果ててしまうのである。

もう一方では新たな制約も生まれている。この制約はオプションの数が増えるにつれて強くなっていき、最終的にはマルチオプション社会に住む人々は、自らが囚われの身となってしまう。つまり、外部から何かを強制されるのではなく、自分自身で意義ある決断を下せないこと自体が制約となってしまうのである。そうなると、素晴らしいオプションがたくさんあっても幸せになれないことの責任をほかの誰にも押しつけられなくなり、心理的に耐え難い状態となる。

オプションの数とともに選択の苦悩を増大させる三つの要素の欠如について、以下で紹介しよう。

情報の氾濫

オプションの数が増えれば増えるほど情報に対する欲求もまた増大する。オプションが常に増加しているのに、それらについての情報が足りないと合理的な選択をすることは不可能である。しかし、情報の収集や査定には時間がかかり、その分だけ探索費用も余分にかかることになる。

この費用は、従来まで経済学では軽視されてきた。なぜなら、ビュッフェの場合と同じように、人々は通常、自分自身の手で何でも選択することができると考えられてきたからだ。(＊9) ビュッフェでは、すべての食事オプションが一つもしくは複数のテーブルに並べられており、一番おいしそうなものをゆっくりと選ぶことができる。このような条件下では合理的な決断もまだ比較的簡単で、すべての食事を見たり嗅いだりできるためにそれほど多くの情報を必要としない。あらゆる選択プロセスがこのように簡単に機能するのであれば、私たちはこの地球の『存在の耐えられない軽さ』[9]も手に入れていたはずである。

しかし、「現実のビュッフェ」は延々と何キロメートルもつづき、まったく全貌がつかめないこともしばしばである。そのうえ、提供されているオプションは永続的に変化していっているため、正しい選択を行ったのかどうかの確信を一時としてもつことができない。

このような状態では、「完全な情報を得たなかでの決断」などはかなわぬ望みでしかない。おかしなことに、マルチオプション社会では、出回る情報が増加するほど情報の欠如も増大する。そのため、この現象は「情報の氾濫」と呼ばれている[*10]。存在するオプションの数が常に増加するのとは逆に情報はどんどん入りにくくなり、決定を下すときの不安は大きくなるばかりである。

しかし、情報をもちすぎることは情報がなさすぎることと同じくらい危険でもある。毎日毎日、自分にとってまったくどうでもよい情報が洪水のように押し寄せてくるため、本当に重要な情報にフィルターをかけることがますます困難になっている。

たとえば、自宅でインターネットを使ってもいないのに、「ブロードバンドへの接続が月々四九・九九ユーロから三九・九九ユーロになった」というニュースが伝わってくる。また、ニュースを見れば東ティモールの蜂起が抑圧されたことも分かる。しかし、ポートフォリオ管理のために銀行に支払っている手数料が実際いくらするのかなど、本当に知りたいことは骨の折れるような長い探索プロセスを経なければ手に入れることができない。

全体的に私たちは、あらゆるマスコミから流れ出てくる使い物にならない情報の過剰供給に溺れている。ものを書く量も、郵送する量も、放映する量も、あるいは電話で話す量も増えるばかりなのに、何か本当に新しいことを知るということはない。

未来研究者のジョン・ネイスビッツ(10)は、一九八二年に出版したベストセラー『メガトレンド（Megatrends）』のなかで「私たちは情報のなかで溺れているが、知識を求めて喉を乾かせている」と書いている。

このように情報の氾濫は人間をさらに無力化しており、この現象は「情報疲労症候群（Information Fatique Syndrome：IFS）」という概念で表されてもいる。(＊11) 大量の情報が存在するにもかかわらず、正しい情報を得ていないという思いに常に悩まされている人々はたくさんいる。この症候群は、そんな感情の代名詞である。

（９）フランスに亡命したチェコの作家ミラン・クンデラの小説の題名。千野栄一訳、集英社、一九九八年。「プラハの春」を背景に、男女の三角関係を描いた作品。

（10）（John Naisbitt, 1929～）アメリカの作家、未来研究者。世界各地で講演を行うほか、中国の南开大学および天津大学の教授を務める。本文掲載書籍は、竹村健一訳、三笠書房、一九八六年。

私たちはいつも情報のあとを追っており、現代のあらゆる情報技術をもってしてもこの遅れを取り戻すことはできない。正しいと言われる情報を手に入れても次の情報がすぐに入ってきて、そのとたんに最初の情報の真偽が怪しくなる。私たちは、常に情報の正確さや重要性、完全性を疑い、そのおかげで気が狂いそうになる人も少なくない。そして、コロンビアの箴言作家であるニコラス・ゴメス・ダヴィラが三〇年前に書いているような状況が当たり前となっている。

「情報技術によって、現代人は何も理解できないままあらゆる情報が得られるようになった」

心の会計

仮に、重要な情報を選択するにあたって必要なものをすべて受け取ることができる状況にあったとしても、得られた情報はそのあとに品定めをしなければならない。本当に理想的な決断を下すためには、選択肢のなかのオプションが、将来、私たちをどのくらい幸せに、もしくは不幸にするのかということを知る必要がある。

しかし、このようなことを行うことは、人間の脳には無理である場合がほとんどだ。これまで見てきたように、人間は未来の感覚をうまく予測できないし、異なるオプション同士を比較することも苦手である。そうするためにはどうにかして手元にあるオプションを精神的なカテゴリーに分別しなければならないのだが、これがはなはだ難しい。

このようなカテゴリーに分けるプロセスを、経済学では「心の会計（mental accounting）」と呼んでいる。(＊12) 企業があるプロジェクトの損益を独自の会計システムではじきださなければならないように、人間も自分の心の会計を利用してある特定のオプションが有益か否かを判断しなければならない。そして、この心の会計が正しく機能しないと、将来の幸福感に対して理想的とは言えない不合理な決断をすることになる。このことを理解するために（そして、この目的だけのために）、人間と企業の比較を行ってみよう。

企業の例として取り上げるのは、欠陥のある不完全な会計システムしかもたない小さな建築事務所である。このシステムには、生産コスト全体から見れば取るに足りないほどわずかなものであるにもかかわらず、プリンターのカートリッジから鉛筆に至るまでのあらゆる文具がすべて厳密にインプットされている。一方、社会保険費などの賃金付帯費用はすべていい加減にしか記録されていない。これを記入する項目がシステムに用意されていないからだ。

さて、このような欠陥のある会計システムで経営されている建築事務所は、全体の経営収支にほとんど関係がないにもかかわらず文具費を下げようと必死になる。一方では、社員を雇いすぎて、文具費よりももっと重要な人件費に付随する費用が知らぬ間にどんどん膨れ上がってしまう。こんなことをつづけていたら、この企業はいつか倒産に追い込まれるだろう。

このように、企業は欠陥のある会計システムを利用しているとあまり長生きできない。それに対して、人間は欠陥のある心の会計でも生き延びられるが、それは不幸な決断を招くことになる。

オプションの数が増えれば増えるほど、そしてそれが複雑に絡み合うほど心の会計システムは問題を起こしやすくなり、合理的に決断するという基本的な法則を脅かすことになる。前述の建築事務所の例のように、たいして重要ではない些細なことに関心を奪われ、本当に大切な事実がおろそかにされやすくなるのである。これは、とくにお金の使い方に顕著に現れる。

ある店のコーヒーが二・八ユーロではなく二・九ユーロするとか、スーパーがヨーグルトの値段を四〇セントから五〇セントに値上げしたからといって猛烈に腹を立てる人々がたくさんいる。そして、合計しても月々数ユーロにしかならない町の駐車料金が値上げされるとなるとカンカンになって怒るという人も多い。

ところが彼らは、適時に株を売り忘れたなどで何千ユーロもの大金を失っても平然としている。そして、絶対に手に入れたい新車があれば、予算が一万ユーロも超えても文句を言わない。つまり、小さな買い物では一セントまでしょっちゅう気にするのに、別の機会には寛大に散財しているのである。これを「理性的な行動」と呼べるだろうか。

経済理論が模範と目するような理性的な行動をとれば、一ユーロはもちろんいつの場合も同じ一ユーロの価値をもつ。これは「金銭の流用可能性（fungibility of money）」という原則で、支出と収入を必ず同等に評価している。

しかし、実存する人間の心の会計は別の機能の仕方をするため、現実はこのような状況から遠くかけ離れている。どのようにしてお金を稼ぎ、どのように使うかによって、一ユーロはさまざま価値をもつ種々の心の項目に記入されるのである。(＊13)

宝くじに当たったなどしてたまたま手にしたお金は、必死に働いて稼いだお金よりも手放しやすい。宝くじで得たお金は、明らかに給料とは違う心の項目に振り分けられるのである。このような違いは支出にも見られる。たとえば、「ヨーグルト項目」では一ユーロはとても高く評価されている。ヨーグルトのために一週間数ユーロ以上を使ってもいいとは誰も思わない。その一方で、バンバンお金を注ぎ込む太っ腹な「遊び項目」も多くの人々の頭のなかに存在している。それぞれの好み次第で株投機やギャンブルに使われるお金である。この項目では、一ユーロはほとんど価値をもたない。ケチケチと管理されているヨーグルト項目とは違って、遊び項目は毎月毎月たっぷりと補充されるのである。

このように、心の会計ではお金の扱いに対して明らかに根本的な精神分裂を来している。

そして、この病にほとんどの人が侵されているのである。お金でさえこんなふうに非合理に扱われているのだから、ほかの生活分野で合理的な決断が行われているとは到底思えない。

選択可能なオプションに関する負担と収穫は、ほとんどの場合、お金に換算することができない。比較のための一般的な物差しがなくなり、人々は心の会計とともにさらに宙ぶらりんの状態に陥ってしまう。そして、さまざまなオプションのなかから何かを選択するときには、お金に換算された負担と収穫に強く左右されるようになり、お金で測ることができない負担や収穫はすべてないがしろにされやすくなる。(＊14) 自由な時間など、直接お金で表すことができないものの価値がよく過小評価されるのはそのためである。

社会との接触や、ほかの人と過ごす時間もその一つである。社会との接触によって得る収穫はどうしてもお金に換算することができないため、人々はこのような接触からもたらされるものは何もないと考えてしまう。それよりも、お金に換算される明白な収穫を得ようと残業をしたがるのだ。

多くの人々の心の会計がお金で測定可能な負担と収穫に焦点を合わせているため、人々は本当に自分に理想的なオプションが選択できなくなっている。

時間の不足

オプションの数はまさに不安を呼び起こすほどのスピードで増加しているが、人々に与えられている時間は一日に二四時間しかない。そのため、増えつづけるオプションは、常に一定である「時間の予算」との対決が避けられない。

その結果、時間は加速されて集中化される。そして人は、常に時間が足りないという感覚に悩まされることになる。この感覚は、あるオプションを選ぶときの「機会費用」が増えていることによって生まれる。オプションが増えれば増えるほど、そしてそれらがより良くより魅力的になるほど、どれか一つのオプションを選ぶときにはより多くのオプションを切り捨てなければならない。そうなると、不合理なことに人はオプションが増えているにもかかわらず貧しいと感じてしまう。そして、新しい可能性がだんだん増加して喜ばしい一方で、それらの可能性にますます気づきにくくなるという悲痛感もつきまとうことになる。

逃したすべての可能性に対する遺憾の気持ちは、心理学者が「決心した後の後悔（post decisional regret）」あるいは「選択した後の不快（post choice discomfort）」と呼ぶ現象によってさらに強化される。この現象はまた、消費者研究の分野でもよく知られている。(＊15)

ある一つのオプションを選択した途端、選ばなかったオプションのほうがよく見えてくることが多々ある。そして、今行ったばかりの決断を後悔する。誰でも知っているのがレストランでの経験だ。

最適な料理を選ぶために、何ページもあるメニューをいつまでもめくりつづける。しかし、やっとのことで「ピッツァ・クアトロ・スタジオーニ（四季のピザ）」を注文した途端、隣のテーブルにとんでもなくおいしそうなラザニアが運ばれてくる。すると、たった今したばかりの決断を後悔し、できることなら注文を取り消したいとまで思う。消費者研究では、このときのオプションの数が多ければ多いほど、残りのオプションが魅力的であればあるほど、オプションが似通っているほど、そして選択の制限がなければないほど「決心した後の後悔」は大きいことが分かっている[*16]。

日ごろ行う小さな決断の場合には常に選び直すことができるため、機会費用はまだそれほど甚だしくない。たとえば、チョコレートヨーグルトを買うことに決めたけれど、やっぱりハーゼルナッツヨーグルトのほうがよかったというときには、翌日にでもその欲しいヨーグルトを買えばそれですむ。しかし、休暇となると少しやっかいとなる。休暇時に過ごす先を決めたのはいいが、到着した途端すぐに後悔するはめとなる。そうしたら、次の機会が訪れるまでにおそらく短くても半年、いや一年間は待たなければならないだろう。

機会費用が最大となるのは、一生に一度しかチャンスが訪れず、しかもやり直しのきかない決断を下すときである。

今日、多くの女性は子どもをつくるかつくらないかの決断を迫られている。この決断は、ある年齢を超えるともう手遅れとなるため非常に難しい決断である。子どもをつくると決心したら、その女性はもしかしたら今の仕事を辞めなくてはならず、キャリアに終止符が打たれることになるかもしれない。しかし、子どもをつくらないことにしたら、子どもをもつ母親の喜びを味わうことは絶対にできない。ひょっとしたら、そのことを一生悔やむことになるかもしれないのである。このような大きな決断を下すには、いまや私たちの人生はあまりにも短すぎるようである。

また、機会費用はすべてが常に変化しつづける状況のなかでも増加する。あるノートパソコンや携帯電話を買うと決めた途端、もっと良い品やもっと安い品が売りだされてしまい、せっかく下した決断がもはや理想的なものではなくなったように感じる。この問題がもっとも大きくなるのは、決断が長期的かつ不可逆的な影響をもつときである。そのため、個人だけでなく組織までもがこのような決断を完全に避けるようになった。企業は、正社員の雇用にだんだんと懐疑的になり、フレキシブルな派遣契約のほうを優先するようになっている。

家庭を築くときにも、伴侶と長年連れ添うという、これまで普通に行われてきた決断をする人が少なくなっている。状況が変わっても同じ相手と同じようにうまくやっていけるかどうかは、誰にも分からないのだ。

そう、現代人の状況は、仕事にしても自分の心理状態にしても常に変化がつきまとう。今は子どもが欲しいと思っていても、二年後の変化した状況のなかでもそう思っているかどうかは分からない。それなら、行動を起こさずにシングルのままでいたほうがよい。それに、シングルだと企業も使いやすい。二四時間いつでも呼びだせるし、場合によっては世界中のどこへでも行ってもらえる。このような生活スタイルは時間と空間をとても柔軟に使うことができ、世界中を飛び回ることのできるシングルは企業側の理想となっている(＊17)。

6　マルチオプション・トレッドミルと幸福

このように、マルチオプション社会の発達もまたトレッドミル効果を導いている。経済が成長して商品の多様化が進み、それによってサービスや労働、余暇のあり方もさらに多岐にわたるようになった。しかし、それが人々の平均的な幸福に寄与できるのは、オプションの数が把握できる間だけだ。限界値に達してしまうと、それ以降、オプションがさらに増えても幸福度はもう上がらない。欲求を満たしてくれる方法が増えても、それに対する喜びは正しいオプションを選択するという肥大するばかりの問題によって崩壊させられてしまうのだ。

これらの問題の原因は、オプションが増えるばかりなのに時間は常に二四時間しかないことにある。本当によい決断を下すための情報がまず足りない、そして何よりも時間が足りないのである。それに、欠陥の多い「心の会計」が追い討ちをかける。このおかげで、私たちは自分の幸福に何らかの形で寄与してくれるはずの現存する膨大な数のオプションをきちんと品定めできないのである。多くのオプションが、私たちの幸福に何の役にも立たない偽オプションであったり幻影オプションであったりすることから、この問題はますます肥大化している。

私たちは、商品の多様化が進むとともに宗教的、文化的なタブーがなくなって、生活は向上する一方だという幻想に囲まれて生活をしている。このことも私たちが生活水準の恒常的な向上を求める理由の一つであるが、そうすることで私たちは、結局マルチオプション・トレッドミルを加速しており、それが熱望されているより大きな幸福を見事に阻んでいる。

第10章　時間節約トレッドミル

1　通勤について——通勤時間がどんどん長くなるわけ

時間節約トレッドミルの説明においても、第二次世界大戦後の西ヨーロッパの例を挙げることにしよう。

一九四〇年代の終わりから一九五〇年代の初めにかけては、ほとんどの人が職場に比較的近い所に住んでおり、朝の通勤は徒歩か自転車というのが普通だった。昼休みには、既婚男性の多くが家へ帰り、妻や子どもたちと一緒に昼食をとった。短い昼寝をしたあとに職場へ戻るが、片道はだいたい一〇分から二〇分であった。毎日二往復する通勤距離の合計は一時間もかからず、これをストレスだと感じる人もほとんどいなかった。

ただし、毎日、車で会社へ通いたいと夢見るサラリーマンもすでにいた。そうすれば、もっと短い時間でもっと快適に職場へ行けるからだ。だが、これは実現することのない夢だった。それなのに、今日では大半の人が車で通勤するようになっている。さて、いったい何が起こったのだろう。

交通機関が高速化され、道路が整備されたことによって、住まいと職場はこれまでのように近くなくてもよくなった。そのため、町の中心部ではなく、郊外や近隣の村に住みたいと思う人々が多くの国で増えた。これらの土地で、彼らは戦後の豊かな暮らしの夢をかなえ、緑のなかのマイホームを手に入れようとしたのである。

それだけではなく、多くの企業もまた町から地方へと引っ越した。そこでは地価が格段に安く、大規模な工場やビルも建設することができたからである。交通機関の発達で時間を節約できるようになり、サラリーマンの毎日の通勤距離はどんどん長くなっていった。まもなく昼食に帰宅することは不可能となり、職場への往復時間は、徒歩や自転車で一日二

チューリヒ郊外に立つ一軒屋

往復していたころよりもかかるようになった。

とりわけ都市部では、公共交通機関の拡充がこのような発展に決定的な役割を果たした。交通機関は町の周辺へとどんどん拡がり、地下鉄や近距離電車などのおかげで移動はますます速くなった。そして、新しい路線が引かれるやいなや、人々は短時間で快適に行けるようになった郊外へとわれ先に引っ越した。こうして町は郊外を巻き込んで大きく成長し、かつて都市部を囲んでいた緑地帯を次々と食いつぶしていった。

七五の都市で通勤に関する詳細な調査が行われたアメリカでは、このような発展を通じて、一九八二年から二〇〇〇年の間に平均通勤時間が二一パーセント増加した。(＊1) その間、交通機関のスピードは速くなるばかりだったというのにだ。アメリカの路上を走る車両の平均速度は一九七六年から一九九五年の間に約一四パーセント上昇し、公共交通機関は驚くなかれ六四パーセントも速くなっている。しかし、同時に車のなかで過ごす時間も六六パーセント増加し、公共交通機関の平均利用時間もおよそ三八パーセント増えた。(＊2)

交通機関が拡充されるほど、また移動速度が速くなるほど通勤距離も長くなり、その結果、毎日の移動時間が増えてラッシュアワーには車の渋滞が起こり、公共交通機関はすし詰め状態となった。

そしてまた、有名なドイツの社会倫理学者であるオズヴァルト・フォン・ネル＝ブロイニング[1]が一九九〇年に迎えた一〇〇歳の誕生日（冗談ではない）に述べた通り、通勤時間は減るどころか以前よりも増えているのである。[*3]一九二〇年代、彼は大学からフランクフルト中央駅へ行くまで一五分かかっていたが、今日では「もうせいぜい二五分しかかからなくなった」らしい。

この数十年を見ると、高速列車がさらに新しい可能性を開花させ、一九六四年、世界初の高速列車である新幹線が東京―大阪間に開通した。ヨーロッパにはＴＧＶ（フランス）やＩＣＥ（ドイツ）があり、平均時速二五〇から三〇〇キロメートルで走行している。

新幹線が開通したことで、さらに長い距離でも通勤できると日本の人々は考えた。今日では、長野県に住んで「たった二〇〇キロメートルしか」離れていない東京に通勤している人もいる。長野県の地価は東京に比べてずいぶん安く、少し大きめの家（ヨーロッパと比較するとまだ小さいが）を買うことができるし、新幹線を利用すれば一時間もかからないのだ。職場が二〇〇キロメートル離れていることなど、いったい誰が気にしようか。

（1）（Oswald von Nell-Breuning, 1890～1991）ドイツの社会哲学者、カトリックの神学者。フランクフルト・アム・マイン大学で経済倫理および社会倫理の教鞭を取った。『カトリック教会の社会教説：教導職諸文書の解説』本田純子、田淵文男共訳（女子パウロ会、一九八七年）。

交通機関が高速化するとともに、「この町に住んで、あの町で働く」という新しいモットーも誕生した。一九九〇年代にドイツで計画された超高速列車「トランスラピード（Transrapid）」が実際にベルリン—ハンブルク間を結んでいたら、今ごろは、ハンブルクに住む人々の多くがベルリンで、そしてベルリンの人々の一部がハンブルクで働くようになっていたにちがいない。

人々が通勤に喜びを感じているのであれば、通勤というこの波がいくら大きく押し寄せても何も言うことはない。しかし、事実はまったく逆なのである。第1部で見てきたように、少なくともテキサスの女性たちにとっては、朝の通勤は一日のうちでもっとも嫌な活動である。そして、この結果はほかの複数の研究でも確認されている。通勤は、現代生活においては決定的なストレスの要素となっているのである。(＊4)

スイスの経済学者であるブルーノ・フライ(2)とアロイス・シュトゥッツァー(3)がドイツのデータをもとに行った調査では、毎日の通勤に費やす時間は幸福に全体的な影響を及ぼすことが明らかとなっている。つまり、毎日の通勤時間が長くなればなるほど人々はより不満を感じるのである。全体的な幸福感にネガティブな影響を及ぼすこの行動にますます多くの時間を費やすようになっていることから、フライとシュトゥッツァーはこの現象を「コミューティング・パラドックス（通勤の矛盾）」と呼んだ。(＊5)

時間を節約する技術が進歩したにもかかわらず、時間節約を阻む時間節約トレッドミル。コミューティング・パラドックスは、おそらくこの章で紹介したなかでももっとも印象的な例であろう。

2　時間節約の背後に隠れる経済的論理

今日、あらゆるところで時間節約のための努力が行われている理由はマルチオプション・トレッドミルに関する前章ですでに示唆した。収入が増えるにしたがってオプションも増えるが、人間に与えられている時間はいつも同じであるため、時間は足りなくなる一方なのだ。職場にしろ、余暇にしろ、今日では多くの活動に時間が制限を加えている。

モノの量が少なくなると、その価格は周知の通り上昇する。このことが明らかなのが労働時間である。投資によって簡単に増やせる生産要素の資本に比べて、労働という生産要素は

（2）（Bruno Frey, 1941～）スイスの経済学者。チューリヒ大学経済学教授。『国際政治経済学』長谷川聡哲訳（文眞堂、一九九六年）。
（3）（Alois Stutzer, 生年など不詳）スイス・バーゼル大学の経済学教授。ブルーノ・フライとの共著に『幸福の政治経済学―人々の幸せを促進するものは何か』沢崎冬日訳（ダイヤモンド社、二〇〇五年）がある。

産業革命以後には常に不足気味となり、それゆえに価値が上がった。一時間の労働から引き出される付加価値は機械やコンピュータの投入によって年々増加し、労働時間一時間当たり、そして労働者一人当たりの付加価値（労働生産性）は継続的に上昇した。労働生産性が向上するにしたがって労働力投入の価値も上がり、最終的に労働時間に対する報酬も同様に上がった。こうして、職場で過ごす時間の代価は著しく上昇し、労働時間はますますお金と等しくなっていったのである。

また、「時は金なり」が通用するのは職場だけとはかぎらない。ベンジャミン・フランクリン[4]は、一七四八年、次のように書いている。

「時が金であることをよく考えてみよ。毎日、働けば一〇シリング稼げるのに、半日散歩へ行ったり部屋でゴロゴロしたりして過ごしたら、娯楽のために六ペンスを支払っただけではすまない。そのほかにも、五シリングあるいはそれ以上のお金を出費している。というより、むしろ浪費しているのだ」[5]

フランクリンの言うこの五シリングは休みをとった半日の機会費用であり、この時間の間に稼ぐ金額が高くなればなるほど機会費用も高くなる。社会学者のマックス・ウェーバー[6]は、「フランクリンは、この短い文章のなかで『ほぼ純粋な資本主義精神』を表現した」と述べ

ている。(*6)

資本主義社会では、時間はそれこそ常にお金に等しく、余暇でもそれは変わりない。その場合は、実際に稼いだお金ではなく、仕事をしていたら稼いでいたであろうお金が対象となる。こうして給与は余暇の機会費用となり、それとともにその価値を決めることになる。

しかし、機会費用に影響を与えるのは現在の給与だけではない。たとえば、将来もっと高い収入を得られるように、余暇を何かの資格取得のために費やすこともできる。この場合、将来得られる給与は、散歩やゴロゴロしている時間の機会費用となる。あるいはフィットネスにもっと多くの時間を費やして、職場でよりいっそうバリバリと仕事をこなして出世のチャンスを増やすこともできる。出世のチャンスが多くなればなるほど、お金にならない過ごし方をする余暇の機会費用は高くなる。

---

(4)(Benjamin Franklin, 1706～1790) アメリカの政治家、科学者。印刷事業を営み、公共事業に尽くした。雷と電気とが同一であることを立証し、避雷針を発明した。『フランクリン自伝』斎藤正二訳(講談社、一九七三年)など。

(5) 十進法に移行するまで(一九七一年)イギリスで使われていた貨幣単位。一ポンドは二〇シリング、一シリングは一二ペンスだった。

(6)(Max Weber, 1864～1920) ドイツの社会学者、経済学者。ドイツやオーストリアの数多くの大学で教鞭を取る。『プロテスタンティズムの倫理と資本主義の精神』大塚久雄訳(岩波書店、一九八九年)など。

もちろん、これに当てはまらないこともある。たとえば、失業者の場合はたいてい時間が足りないのではなくありすぎて悩んでいる。とはいえ、正常に機能している経済社会においては彼らは少数派であり、一般的なケースとは見なされない。

というわけで、今日の経済は「時間は価値ある財産であり、どんなことがあっても浪費してはならない」というモットーのもとに動いている。再びマックス・ウェーバーの言葉を借りると、「時間の浪費は資本主義経済において初めての、そして基本的に最大の大罪」なのだ。

しかし、実際のところ「浪費された時間」というカテゴリーにはいったい何が入るのだろうか。幸福を左右するのは主に収入だという誤解が蔓延しているかぎり、報われる活動というのは目標とする収入の達成に直接的にも間接的にも役に立つものということになる。そして、お金をもたらさない活動が時間の浪費というわけだ。

こうして、人々は時間浪費の活動に費やす時間をできるだけ減らそうとするようになった。つまり、できるだけ時間がかからないように効率よくその活動を行おうとするのである。業績にこだわる現代人は無為に過ごす時間をタブー視しているが、もっとも顕著な例では、このような時間をまったくなくしてしまうということもある。

一方、報われる活動はできるかぎり集中的に行って、一定の時間内により多くの仕事やフィットネスを詰め込まなければならない。社会との接触もその例外ではなく、時間の浪費と見なされないために「ネットワーキング」と改名される。この場合、社会との接触はのちの出世に役立つ、あるいは新しい契約に結びつくような重要な関係を結ぶことに役立てられている。(*7)

というわけで、時間の価値を金銭だけで測ることは、実際にはまったく理想的でないことがお分かりいただけたと思う。ここで再び思い出されるのが、多くの人の心の会計に欠陥があるということである。この欠陥ゆえに、私たちは自分の幸せのために行ったことをベースとした評価ができなくなっているのである。

すでに述べたように、人々は幸せになるための活動をお金で表される成果で評価しようとするばかりで、幸福になるためにしばしばもっと大切となるほかの成果を省みない。お金では測ることのできない幸福のために「浪費した時間」は、たいていこのようにひどくないがしろにされている。

「時間節約メンタリティ」全体に見られる非合理性がとくによく分かるのは、人々にもっとも多くの時間を浪費させている活動を心の会計がまったく度外視しているという事実においてである。その活動とは、つまりテレビを見る時間である。一九六〇年代以降、時間を節約する多くの努力とともにテレビの前で過ごす時間も恒常的に増加しており、(*8)二〇〇三年のテレビの平均視聴時間は、ヨーロッパで一日三・五時間、アメリカでは四・五時間となった。(*9)

そのために、おかしなこともよく起こる。多くの人々は、昼間、余っていると思う時間を分刻みで節約して時間を有効に使おうとする反面、夜になるとこの「効率思考」をさっぱりと忘れて、ほとんど無制限に時間を有しているかのようにテレビの前に座りつづけているのだ。著名な幸福心理学者のミハイ・チクセントミハイは、このことについて次のように言っている。

「テレビを眺めている間に数百万年という時間が失われている。この時間を、自分の幸福のためにもっと役立つように使うこともできるのに(*10)」

だが、このような精神分裂気味な行動のなかからも、最終的にはある倒錯した論理がうかがえる。昼間の時間を節約すればするほど、また集中的に時間を使えば使うほど人々のストレスは大きくなり、夜に何か意義深いことを行うエネルギーは残らなくなる。そして、これより少ないエネルギーを使って楽しめる活動はテレビ以外にはないというわけである。

3　時間を節約しているのに、残された時間がますます少なくなるわけ

とにかく時間の価値は高く、時間を節約すればしただけのことはある。ところが、時間節

約トレッドミルが説いているのは、ゆるみのない多彩な時間節約の努力にもかかわらず主観的な時間不足は増加しつづけ、その結果、人々が感じるストレスは減るどころか増える一方だという逆説的な現象である。

そもそも時間の節約に役立つ技術や組織にかかわるアイデアは、すべて私たちにもっと好きな活動をさせてくれるためにあるはずである。まさに、このような時間こそが多くの人々から求められているというのに事はうまく運ばれていないようだ。

ヨーロッパ諸国およびイスラエルで行われた生活の質に関する最近の調査で、これらの国にあるものが不足していることが分かった。それを埋めることができれば、これらの国の人々はみんなより幸せになれる。それは、自由に使える時間である。(＊11) しかし、今日に至るまでそれはかなわない望みに終わっている。

時間節約トレッドミルの見地では、それがかなわない理由はシンプルな経済学にある。時間を節約しようとすると、もっと速く、あるいはもっと集中して活動しようとし、そのなかで時間の効率化が図られることになる。交通に関して言えば、ある区間を最短時間で移動できるようになるのだが、時間の効率化が進むと、それによって貴重な少ない時間をあまり使わなくて済むようになるため活動の価値はその分だけ「安く」なってしまう。

通常、商品や交通機関などのサービスが安くなった場合にはその商品やサービスの需要が高まるわけだが、それと同じことが時間の節約でも起こるのだ。時間の効率化によって交通機関のコストが下がれば、人々はより速くより遠くへと移動したがる。つまり、私たちはもっと頻繁に旅行に出かけるようになって、せっかく節約した時間をそれによって再び失うことになるのである。たとえば、先に挙げたように、職場からどんどん遠い場所に住むようになるという例などもその一つと言える（＊12）。

以上のことから、時間節約トレッドミルをつくり上げている時間節約の努力は二つの形に分けることができる。一つは時間を節約する技術的な進歩であり、もう一つは活動の加速と集中化である。

技術の進歩

時間の節約に便利な技術が進歩すると、特定の活動がより速く、より短い時間で行われるようになる。同じ活動をより短い時間で済ませることができるようになるので時間効率（あるいは時間生産力）が向上し、より短い時間で同じ距離を移動できるようになったり、同じ量の情報を伝達できるようになる。

時間の節約に便利な技術の進歩は、職場でも余暇でも同じように大切である。職場では、時間を節約する革新技術が労働生産性の向上に大きく寄与した。そして、家事や余暇活動の多くでも、技術の進歩によってどんどん時間効率が上がっている。一九六五年に発表された家事の時間割り振りに関する報告のなかで、のちにノーベル賞を受賞した経済学者のゲーリー・ベッカー(7)は、職場外で革新的に時間を節約するものとして以下の例を挙げた。

- **スーパーマーケット**――買い物時間を節約
- **車**――移動時間を節約
- **電気シェーバー**――ひげそりの時間を節約
- **電話**――いちいち訪問しなくても済むため、対話の時間を節約

しかし、ベッカーが挙げた革新的な時間節約のうち、本当に時間を節約しているものはあるのだろうか。現代の人々が買い物に費やす時間は以前よりも減っているのだろうか、移動にかける時間は減っているだろうか、そして電話を使えば、わざわざ訪ねて連絡しあわなければならなかったころよりも短い時間で用件を済ませられるのだろうか。

ベッカーが挙げた時間節約のなかで本当に時間を節約したものは、唯一電気シェーバーの

(7)（Gary Becker, 1930～）アメリカの経済学者。ノーベル賞受賞者。シカゴ大学経済社会学部教授。『ベッカー教授の経済学ではこう考える』鞍谷雅敏、岡田滋行訳（東洋経済新報社、一九九八年）など。

みである。以前は、わざわざ床屋へ出かけてひげをそってもらっていた。それに比べれば、今日男性がひげそりにかける時間は確実に減っているが、ほかのケースはまったくもってそうとは言えない。

買い物に費やす一日当たりの平均時間を見ると、イギリスでは一九六〇年代の四〇分に対して一九九〇年代には七〇分まで増加した(*13)。また、コミュニケーションに費やす平均時間も電話の登場によって大幅に増加した。一九八〇年代半ばから一九九〇年代半ばまでだけでも、電話を利用する時間は倍増しているのである(*14)。そしてまた、移動にかける平均時間も減少することはなかった。どんな交通手段を使おうが、移動に費やす時間は常にだいたい一定に保たれている。これがいわゆる「移動時間不変の仮説」で、世界中で行われている種々の経験的調査の結果はどこでもほぼ同じである(*15)。

それによると、タンザニアであれアメリカであれ、人は一日当たりおよそ七〇分を移動のために費やしている。ただ、タンザニアでは徒歩で一日数キロメートルを歩くのに対して、アメリカでは車や飛行機を利用して平均六〇キロメートルを移動している。つまり、交通の機械化は移動距離を増加させつづけてきたのである(*16)。

時間の節約に便利でありながら、総合的に見るとまったく時間を節約していない技術的な進歩の例はまだまだたくさんある。一九二五年に発明された洗濯機もその一つだ。この発明は洗濯の時間効率を著しく高めた。それ以前、洗濯物は洗濯板でゴシゴシと洗うものであり、洗濯とは面倒で時間のかかる仕事だった。当時、洗濯をする男性はまだ稀だったため、洗濯機の登場はとくに女性の仕事を格段に軽減した。

しかし、人々はこのような革新にかなり速く適応し、まもなくより高い「洗濯能力」を求めはじめた。洗濯機が発明される前は週に一度ワイシャツを着替えるのが普通だったが、一九二五年以降、この習慣はかなりの速度で変化した。衛生に対する要求が高くなり、人々はまもなくワイシャツを毎日着替えるようになった。(＊17) 今日では、上から下まで毎日、あるいは一日に何度も着替えるようになっている。

こうして洗濯機の発明によって得られた時間節約の可能性は、以前と比べて数多く洗濯することによってその大部分が再び失われることとなった。洗濯で実際に節約されている時間は、洗濯機ではなく紙おむつの発明によって得られたものである。以前は、洗濯の大部分をおむつに費やしていたのだから。(＊18)

情報技術分野における最近の進歩もまた、時間節約トレッドミルについて考えさせてくれる。今日、私たちは前代未聞の速さで情報をサーチし、選別し、伝達し、収集し、加工することができるようになった。しかし、残念ながらこの情報技術革新も時間節約にはつながっていない。

たとえば、電子メールは、法外な時間の節約を可能にしてくれる革新的な技術である。手紙を書き、封筒に入れ、切手を貼って郵便局に持っていくとなると、マウスでクリックして電子メールを送信するよりもはるかに多くの時間を要する。ところが、この時間節約の可能性も現実となることはなかった。というのも、今日、人々はこれまでにないほど多くのメッセージを送っているからだ。それどころか、毎日あふれ返ったメールボックスと格闘し、コミュニケーションに費やす時間が足りなくなったという人もたくさんいる。

マーケティング・リサーチ企業のグリーンフィールド・オンライン(8)が行った最近の調査では、多くの職場で勤務時間の大半を電子メールのやり取りに費やしていることが明らかになっている。メールの着信をチェックするために、一日に五回メールボックスを開く社員は全体の七四パーセントに上っている。一日六回から一〇回が一一パーセント、一五回以上という人も八パーセントに及んだ。それに反して、新しい郵便物をチェックするために一日に何度も郵便受けをのぞく人は一人もいないはずである。通常、郵便物は一日に一回しか配達されないのだから。

似たような発展はインターネットにおいても観察されている。インターネットは情報探しの時間を削減するという巨大な可能性を秘めているが、かなり無計画なネットサーフィン(9)やチャット(10)、メール、あるいはひたすらセックスや美女（男性のみ）を求めてこの可能性を無駄にしてしまうケースがほとんどなのだ。時間の節約に便利な革新技術「インターネット」の濫用は、いまや労働生産性に重大な影響を及ぼすとして多くの企業で問題になっている。少なくとも、アンケートに回答したアメリカ企業一〇〇〇社のうち五五パーセントの会社がそう思っている(*19)。

また別の調査では、勤務中にインターネットで閲覧した内容が何らかの形で仕事に関係があったのはわずか二三パーセントにすぎないことも明らかになっている(*20)。学生にしてみても、インターネットによって効率的に勉強できるようになったとはほとんど言えない。アメリカの大学で行われた調査では、とくによく試験に落ちる学生は、夜中にしょっちゅうネットサーフィンをしている人だという結果が出ている(*21)。

これらの例では、時間を節約しているとはとても言えない。インターネットは時間を節約するというよりも、どちらかというと時間を盗んでいるのである。

もちろん、本当に時間節約に導いた進歩もある。すでに挙げた電気シェーバーや紙おむつがそれである。時間節約の革新技術を使って実際に時間が節約されるのは、時間節約の対象

---

(8)　商品やサービス対する消費者志向を調査しているアメリカの会社。二〇〇八年、マイクロソフトが買収。

(9)　インターネットのウェブサイトを興味のままに次から次へと閲覧すること。

(10)　コンピュータネットワーク上で、文字を使って雑談のようなおしゃべりをすること。

となる活動に自然の制限が付されているときのみである。毎日二回も三回もひげを剃ったり、汚れてもいないのに子どものおむつを取り替えたりするのは無意味なことでしかない。

また、電子レンジや食器洗い機なども時間を節約する革新技術の好例である。一日にとる食事の量を日ごとに増やすことなどできないから、食器を増やしつづけることはない。というわけで、アメリカの都会で料理と後片付けに費やされた時間は、一九二五年から一九七五年の間に週二二時間から一〇時間まで減少した(*22)。

しかし、これが掃除となるともうダメである。なぜなら、部屋のなかは常によりきれいにすることができ、掃除には自然の制限がないからである(*23)。そのため、掃除機が体現している時間節約のための進歩は効果的な時間節約には至らなかった。家事全般を見わたすと、少なくともアメリカでは一九一〇年以来時間は節約されていない(*24)。

活動の加速と集中化

時間効率の向上に役立つ技術革新を導入すると同時に、人々はまた活動を加速および集中化させることによっても時間を節約しようと試みてきた。多くの人々がそれを認めるのが職場であり、ここでは労働生産性を高めるために短い時間でますます多くの仕事が片付けられるようになっている。

しかし、加速も集中化も、職場だけの現象にかぎられるわけではまったくない。典型的な例は、ファーストフードレストランが一般化したことによる食事時間の加速である。このような発展のおかげで、イギリスなどは伝統的な「ランチアワー」を半時間に短縮することに成功したし、[*25]ほかの国でも似たような現象が観察されている。[*26]

だが、このような食事時間の加速化は、結局どのような影響をもたらしたのだろうか。ストレスを減らし、生活の質を上げてくれたのだろうか。

そんなことはない。これまで休息がとれるという楽しい営みだった食事は、加速によってほとんど味わって食べることのできない忙しい生活の一コマとなってしまった。そしてまた、ここで節約された時間もほとんどは単なる幻想でしかない。以前は、わざわざ計画を立てなくても、昼食をとりながら同僚と気楽に仕事以外の話をすることができた。しかし現在では、このような機会は苦労してつくらなければならず、この作業にもまた結構な時間がかかるのである。

そして、食事中にとることができない休息はもちろんどこかでカバーされなければならない。これがたいてい夜にぼーっとテレビの前に座ることで済まされているのだ。ほかの、もっと活発な余暇活動をするエネルギーはもはや残っていない。

食事は、もっと早く、もっと集中的に行おうとする活動のほんの一例にすぎない。たとえば今日では、時間の浪費にほかならないといって単に散歩に行くことさえできなくなった人々もいる。その代わりに、彼らは歩行とエアロビックのフィットネス効果をうまく混ぜ合わせたパワーウォーキング(11)（ノルディック・ウォーキングも最近の流行）に出かけている。また、瞑想もパワーヨガ(12)のおかげで時間が節約され、フィットネスと同時に行えるようになった。本当の瞑想をするだけの時間と忍耐は現代人にはもうないのである。

同ように、睡眠もパワーナッピング(13)で集中的にとることができるようになった。新しく開発されたこの睡眠テクニックを使うと、一分でも時間があれば熟睡することができるらしい。そして、スピード・デートでは、短い時間で未来の彼女もしくは彼氏となるかもしれない人とたくさん会うことができ、それによってパートナー探しのプロセスを加速、集中化している。ここでは、三分ごとに話相手が変わる。とにかく、この三分で今の話し相手がもう一度会いたい相手かどうかを見極めなければならないのである。

今日の余暇活動の多くは、集中化と加速化が行われた「パワーバージョン」である。(*27)いつの日か、「パワー茶道」や「パワー礼拝」に行けるようになっても別段驚くことではないのかもしれない。しかし、集中化や加速化には、すぐにそれとは気づかないだろうがそれなりの代価がある。つまり、これらの活動では、集中化や加速化によって本来の意味がすでに失われているのである。パワー瞑想では本当にリラックスできないし、逆に「パワーリラックスプログラム」で使ったエネルギーを補給するための時間がもうすぐ必要になってくるだろう。

また、スピード・デートに参加したあとに「昔のほうがよかった」と過去を懐かしむ男性も少なくないのではないだろうか。昔は、見知らぬ女性に町のなかやカフェで声をかけ、時間に追われることなくいつまでも語り合うことが可能だった。しかし、今日のマルチオプション社会では、際限のない可能性を秘めているにもかかわらず、見知らぬ人と話をするというごく簡単なことがすでに実行不可能な幻の現象となっている。そのため、スピード・デートは今日の時間節約メンタリティを具象化しているのみでなく、満たされた生活の痴呆化の表れであるとも言える。

時間利用の集中化は、いわゆるマルチタスクによっていくつもの活動を同時に行おうとすることでも図られている。携帯電話を使えば、合法（レストランで食事をしながら電話する）であれ違法（電話をしながら車を運転する）であれ、電話をほかのさまざまな活動と組み合

(11)　普通のウォーキングでは物足りない人のためのウォーキング。歩く速度を高めたり、バーベルを持って歩いたりする。
(12)　普通のヨガよりも動きが速く、運動量が多い。
(13)　企業などで働く人が、一五分から三〇分昼寝をして新たにエネルギーを補給すること。

わせることができる。

最新の携帯電話には、マルチタスク用のオプションがさらに多く備わっている。ビジネス会議の最中に自分の電子メールをチェックしたり、予定表をアップデートしたり、公共交通機関で移動中に新聞を読みながら音楽を聴いたりすることもできるのだ。今の世の中、二つのことだけを平行して行うのはもはや時間の浪費に等しい。そうでなければ、いったい何のためにこれだけ多くのマルチタスク機器が開発されたのであろうか。

そしてまた、このマルチタスクも時間節約トレッドミルに直結している。いろいろな活動をうまく組み合わせることができるようになればなるほど、ますます多くの活動を同時に行うことが可能となる。ところが、人間の脳というのは、複数の活動をしっかり集中して同時進行できるようにはつくられていない。私たちは何でもかんでも組み合わせようとするが、その結果はと言えば、とても画期的とは言い難いものである。

ちなみに、テレビを見ながら電子メールでも書いてみるとよい。その内容は、おそらく何が言いたいのか分からないような代物であろうし、テレビで何を見ていたかもすでに忘れてしまっているにちがいない。マルチタスクは、このようにストレスの減少に役立たないどころか生活をますます慌ただしくするだけなのである。

4　時間の恩恵と時間の束縛

これまで時間に関する大切な要素が顧みられることはなかった。自然や生き物がかかわってくると、時間は量ばかりでなくその質も問題になってくる。重要なことは、何かを行うときに、いつどこで、どのくらいの速さあるいはリズムでそれを実行するかということである。そして人間は、逆うようなことばかりしているにもかかわらず今もやはり自然の一部であることに変わりがないため、この時間の質は人間にとっても無視できないものとなっている。

しかし、時間節約トレッドミルは、いまや時間不足によるストレスを招くのみでなく、その昔人々の生活に大きくかかわっていた伝統的な時間の使い方や自然なリズムまでもを奪い取っている。こうして一日二四時間、一年三六五日休むことなく何でも行え、そして何でもやってよい「ノンストップ社会」が発達した。(＊28) もはや昼も夜も関係なくなり、日曜日も平日と変わらず、夏であろうが冬であろうが大半の人々はいつも同じことを行っている。大切なのは、時間を無駄にせず、すべてを素早く片付けることだけだ。

しかし、時間の質という要素を考慮せずに単に時間だけを計っていると、人間の幸せに関する大切な要素がおろそかにされていることに嫌でも気づくことになる。ドイツでは、複数の学者がこれを「時間のエコロジー(＊29)」と言い表した。人間に重要な生物学的なリズム、社会学的なリズム、そして自然なリズムと調和するように時間を使うことが大切だという概念である(＊30)。

この時間のエコロジーについてまじめに考えると、ある活動をいつどこでどれだけ速く、そしてどれだけ長く行うかということを気にしないわけにはいかない。たとえば、何時間も会議をつづけたり、何時間もコンピュータの前に座りつづけたりすることは時間のエコロジーを著しく犯していることになる。なぜなら、人間はもともと座ってばかりいる生き物としてつくられていないからだ。

シエスタをやめても時間のエコロジーを無視することになるし、短時間で飲み込まれた昼食も同じように時間のエコロジーを無視していることになる。昼、少し横になると楽になる人がたくさんいるはずである。これは、人間の体が求めるところと一致した生活スタイルなのだ。だが、シエスタの最後の砦であるスペインですら、二〇〇五年にはほかのEU諸国と足並みを揃えてシエスタを公式に廃止してしまった。

とはいっても、どの人にとっても理想のスタイルが同じというわけではない。朝早くからバリバリと仕事をこなせる朝型人間もいれば(本書の著者はこれには属さない)、夕方になってようやくエンジンがかかり出す人もいる。何事もできるだけ早くさっさと済ませなければ気がすまない人もいるし、ゆっくり片付ける代わりにミスの少ない人もいるだろう。

自分にとって理想的なリズムで生活ができなければ、人は本当に快適さを感じることはできない。そのため、このような個人差も顧慮する必要がある。こうして、人間の欲求に適応した時間構造をもつ、いわゆる「時間の恩恵」というコンセプトが生まれた。「適切な瞬間に適切な事柄を行えること——これが時間のエコロジーなるシステムでいう時間の恩恵である(＊31)」

時間の恩恵は、おおまかに次の三つの次元に分けることができる(＊32)。

●**自由に使える時間がある**——やりたいこと、あるいはやらなければならない活動のための時間が十分にある。

●**自由に使える時間が生物的なリズム、社会的なリズム、そして自然なリズムと適合する**——活動は個人やグループに最適な状態で実行できなければならない。疲れ果てているときにいくら時間があっても、それは時間の恩恵とは言えない。

●**時間に対する主権**——個人は自分の時間の使い方を自由に決定し、他者から指図されてはならない。

これまで見てきた通り、いくら時間を節約する努力を行っても総計二四時間以上の時間をもつことはできない。しかも、生物学的なリズム、社会学的なリズム、そして自然なリズムに適合するように時間を使えなくなると、人間の幸福感にまで影響を与えることになる。

早朝の通勤、とんでもない時間帯に口のなかに押し込むファーストフード、昼夜を問わずに世界中を飛び回る空の旅、シエスタの取りやめ、あるいはコンピュータの前に長時間座りつづけることなど、これらは最終的に、時間の恩恵や人間の幸福にマイナスの影響を与える時間節約の努力をした結果にほかならない。

三つ目の見地は「時間に対する主権」である。時間を節約する努力は、ここで同時に二つの相反する影響を与える。時間節約

朝のチューリヒ中央駅

のための革新技術は、まず時間に対する主権を増大させている。ノートパソコンがあれば、いまやいつどこでも仕事をすることができ、まもなくケーブルなしでどこでもインターネットが利用できるようになるだろう。お腹が空けば、電子レンジ用に調理された種々の食品をポンとレンジのなかに入れるだけで一分後にはもう食べられる。

こうして人々は、何をいつどこでどうするか、あるいはしないかということをますます自由に決められるようになり、時間に対する主権が助長されるのである。

だが、同時にこのような時間節約の努力によって新しい「時間の檻」も生まれている。その一つが通勤である。通勤距離の長さは、主に時間を節約する交通技術の進歩によって増加した。朝早くに時間に対する主権を行使することは、ほとんどの人にとってまったくの幻想でしかない。逆に、この時間帯に時間通りに職場に着こうと思えば、時間に厳しく支配されることになる。

情報技術における時間節約の技術の進歩もまた新しい時間の檻をつくりだした。インターネットに接続されたコンピュータの前を数時間とて離れられない人がたくさんいる。すぐに返事をしなければならない大切なメールがいつ着信するか分からないからだ。全体的に、時間を節約する努力は、時間に対する主権にマイナスとなる新しい束縛を生みだしているのである。

5　時間節約トレッドミルと幸福

経済が成長し、収入が増加するとともに、時間の使い方のオプションもどんどん増加した。だが、人間に与えられた時間の量は変わらない。また他方では、人々が職場で過ごす時間の生産性が新しい技術のおかげで向上し、それとともにその時間の価値も高まる一方となった。これら二つの発展によって時間はますます不足するようになり、これがさらにストレスを生みだしている。ある活動を行うために時間を工面するだけの価値があるのか、それよりもほかのことをやったほうがよいのかということを、私たちは常によく考えなければならない。

経済はこのような時間不足の進行に対して時間節約のための対策を数多く開発し、時間不足やそれに伴うストレスを緩和しようとした。しかし、これらの対策が実際に時間の節約を導くことはほとんどなかった。つまり、ある活動で時間を節約しようとすればするほど、その活動はより頻繁に、そしてまたより集中して行わなければならず、これが結局、時間の節約を阻んでいるのである。

こうして日常の集中化が進み、それによってむしろストレスがさらに増え、最終的にもっとも幸せを感じる活動に費やすエネルギーや時間が奪い取られている。ところが、たいていの人々はこの時間節約トレッドミルの存在に気づいておらず、自分たちは絶対に時間を節約することができるのだと思い込んでいる。そして、収入や富の増加とは切っても切れない時間不足という問題を過小評価しているために、収入や富の増加がもたらす幸福のほうを過大評価してしまうのである。

人々の信頼は、時間を節約する技術の進歩にも活動の加速化や集中化にも寄せられている。しかし、これらの時間節約の努力は最終的にはまったく時間を節約していない。つまり、時間節約に対する信頼は、現代経済に見られるもう一つの幻想にすぎないのである。

第11章 現代経済のジレンマ――トレッドミルがなければ成長もない

1　動いているトレッドミルは成長をもたらす

たとえ収入が増えても、その国の平均収入がある限界値に達すると人々は総合的により幸せになることができない。ここで挙げた四つのトレッドミルは、その理由を説明するものである。しかし、トレッドミルと経済成長の間にはプラスの関係もある。そして、この関係ゆえにトレッドミルからの逃避がとても難しくなっているのである。

トレッドミルがすべて跡形もなく消えてしまったら、まもなく経済はまったく成長しなくなってしまうだろう。発展を遂げた今日の国民経済の特徴を成す根本的なジレンマはここにある。経済成長によって生活は豊かになる一方だが、それとともにより幸せになることを阻むのがトレッドミルである。しかしその反面、トレッドミルは同時にこの成長の大前提でもあるのだ。広告やマスコミがトレッドミルを動かしつづけようと、止むことなく私たちを鼓舞しつづけるのはそのためであり、そうしなければ経済の成長が危ぶまれるのだ。

幸福と成長という二つの目的の間に調和が生まれないのは、このジレンマのためである。

ステータス・トレッドミルがなければ、人々は高価なステータス品のためにお金を使うことを控えるようになるだろう。要求トレッドミルがなければ、人々はすぐに所有の喜びが冷めてしまうモノにしょっちゅう手を出すこともなくなるだろう。マルチオプション・トレッドミルがなければ、人々はとっくに飽和市場となった、数えるほどの種類しかない商品を買うだけとなるだろう。そして、時間節約トレッドミルがなければ、人々は時間節約の新しい解決策にお金を注ぎ込む代わりに単に余暇を楽しむようになるだろう。

ステータスの探求、高まる要求度、より良い新しいオプションの絶え間ない探求、そしてより多くの時間を節約するための不断の試み、これらは絶えず経済を成長させている。人々は、世界が将来もっと良くなることを常に望んでいるのだ。(＊1)

というわけで成長は、トレッドミルのほかに、人々が日常においてこれらのトレッドミルにまったく気づいていないという事実とも大きくかかわってくる。より良い未来に対する希望は経済の成長に不可欠なのだ。たとえ、その希望が何度となく繰り返して挫折を味わおうとも。

「現代国民経済学の父」と呼ばれるアダム・スミス(1)は、著書『道徳感情論』［水田洋訳、筑摩書房、一九七三年］のなかで、すでに永続的な成長という安寧への約束がとんでもない錯覚プロセスであることを説明している。そしてまた、命にかぎりがあることに人々が気づくのは、高齢に達したときか病気になったときのどちらかであることが多いと述べている。人はそのような状況になって初めて、物質的に裕福になろうとばかりして人生をいかに浪費してきたかということに気づくのだ。スミスの言葉を引用しよう。(＊2)

「何かに嫌気がさしたり病気になったりして、自らの置かれた状況をよく観察し、本当の幸福に足りないものは何かと考えるようになると、富も権力も急にみすぼらしく見えるものである。そうなったとき、その人の目には富と権力の本来の姿が見えてくる。それは、楽をするのには便利であるが、価値のないものをつくるために考案され、苦労して設計された空恐ろしい機械である」

スミスはさらに、私たちが享受している豊かさはすべて最終的には成長を約束しているものの、常に自らをだますことによって築き上げたものだとも言う。このような錯覚プロセスは、持続的な成長プロセスに欠かせないものなのだ。もう一度、スミスの言葉を引用しよう。(＊3)

「自然がこのようなやり方で私たちを欺くのはよいことである。このような錯覚は、人間を勤勉にさせ、常に評価をさせつづけるからである。それは、土地をならし、家を建て、町や国家機関をつくり、すべての学問や芸術を育て上げるように人間を推し動かす。(中略)それは、険しい原始林を過ごしやすく実り多い平野に変え、荒々しい大洋を新たな収入源や巨大な街道に造り変えた。(中略) このような人間の努力によって、地球は無理やりその自然の実りを倍増させ、より多くの住人を維持させているのである」

つまり自然は、人間を騙すことによって、人間が全体的にもっと豊かになるように常に一生懸命努力するように仕向けているのである。当時、アダム・スミスはアンビバレントな経済成長をすでに認識していたが、それにつづく産業化や経済の発達によって、このような論述は背後へと押しやられてしまった。

2　成長は必要不可欠か

アダム・スミスの出現から二〇〇年以上がすぎた今、私たちの生活はスミスが夢にさえ見なかったほどの水準に達した。それほど豊かなのに、そもそもまだ成長する必要があるのだろうか。私たちはこれからも錯覚を抱きつづけ、訪れるはずのないより幸せな未来を信じつ

---

(1) (Adam Smith, 1723～1790) イギリスの経済学者。古典派経済学の始祖。『国富論』竹内謙二訳 (慶友社、一九五九～六〇年) は、一九世紀の自由主義時代に世界諸国の経済政策の基調となった。

づけなければならないのだろうか。より幸せになることもなくただ成長をつづける代わりに、そろそろ幸せやわが身の安息のことを真剣に考えるべきではなかろうか。

これはもっともな疑問であり、これを受けて簡単に「もう成長は必要ない」と結論づけてしまいそうである。だが成長は、経済政策をめぐる議論において現在でも相変わらず非常に高く評価されている。成長のない年があれば、それはほとんどの国で国家的な惨事の色合いを帯びるほどである。そして、低成長が何年もつづくと、経済を再び成長コースに乗せようとあらゆる手段が講じられている。

なるほど、工業諸国では国民の大半がずいぶん前に物質的な欲求を満たせるようになり、他方では、経験的調査によって平均収入が増加しても人間の幸福度はもう伸びないことが分かっている。にもかかわらず、成長はやはり重要であるようだ。では、経済の成長はなぜ今でもまだそれほど大切なのだろうか。

このことを考えるときに留意しなければならないのは、成長しているからこそ経済はゼロサムゲームではなくなっているということである。成長があってこそ、どの関与者もほかの人の利益や収入を減らすことなく利益を得、収入を増やすことができる。私たちは、経済の成長によって、ある人が利益を得れば必ず別の人に損をさせる（あるいは利益を減らす）というゼロサムゲームの暴虐から解放されているのである。ほかの人が金持ちになるときに自分が損をすることはないわけだから、これはもちろん快適なことと言える。このことは、国内における収入の分配でも、国家間という世界的な関係においても重要なことである。

高度に発達した今日の工業諸国で、上層階級が富を手放すことなく幅広い層で相当の豊かさが享受されているのは経済が成長しているからこそである。労働者階級は、カール・マルクスが想像したように長い間搾取されつづけることはなく、経済成長によって上昇しつづける生活水準に歩調を合わせて今日ではもはや消滅するに至った。また、世界という枠、そして国家間の収入配分という意味においても、成長はまさに工業諸国にとって喜ばしいものである。経済が世界的に成長することによって、高度に発達した工業諸国がその水準をまったく下げることなく発展途上国もまた豊かになることができるのだ。

こうして経済成長は、発達した工業諸国で一見対極にある二つの目的をうまく調和させるようになった。それは、労働力の節約技術の進歩と完全雇用である。産業の発展には、労働者に代わって生産機械が投入されるようになったことが全体的に大きく影響している。そして同時に、労働に代わってエネルギーが使われるようになったことを意味している。発展していく資本主義的な経済システムのなかで工業会社がいつまでも競争を勝ち抜いていくためには、技術の進歩（革新）を繰り返し、それを実用化して優位に立たなければならなかった。

こうして、企業が利益の最大化を目標としたことによって労働力の節約技術が進歩し、安価になる一方のエネルギー（最初は石炭、のちに石油）が高価になる一方の労働力に取って代わった。それでも失業者が増加の一途をたどらなかったのは（経済危機の間は例外）経済成長があったからである。しかし、二〇世紀になると、新たにつくられる職場はサービスセクターへと移行し、今日ではもはや実質的に職場が増加しているのはこの分野だけとなった。

最近になって、経済が成長しないと非常に困るもう一つの要素が浮上してきた。それは、ほとんどの工業国で見られる社会の高齢化である。高齢化が進むと労働に従事する国民の割合は減少し、年金生活者が増加する。ここで経済が成長しなくなると、必然的に、就労能力のある年代の人々が収入のなかから年金生活者にわたす割合が増加の一途をたどることになる。なぜなら、若い世代が老齢年金を支え、高齢者の健康保険を間接的に補助しなければならないからである。

年金だけではこれまでの生活水準を保つことはできない。そうなれば、年金生活者の間には貧困がはびこることになる。経済が成長すれば、この非常に深刻な問題も大幅に緩和され、すべての人の収入が増加すれば分配できるものもまた増える。そのために現在では、高齢化も成長を必要とする理由の一つに挙げられている。

このようなわけで、成長のない経済は分配の争いが起こるゼロサムゲームの暴虐に服従させられることになり、不快なものとなる。しかし、これだけでは成長が本当に必要だと主張することはできないし、しかも私たちは、成長によって幸福になるわけでもないのである。

それでも実際には、現代の経済は成長がなければ長期的には社会はまったく機能しない。こうして生まれたのが、近代経済の機能の仕方と直結した成長を目的とする一種の強制手段である。その現在のシステムのなかで中心的な役割を果たしているのがクレジットシステムと金融市場である。(*4)

今日の経済に見られる特徴的な機能の仕方を、以下のような観点にまとめてみた。

企業は利益を生まなければならない

今日、経済的な生産物のほぼすべては、組織的な構成単位として市場に存在する企業によってつくられている。このような組織的な構成単位は企業の所有物（個人経営）であったり株主（株式会社）が所有していたりするが、いずれも法人としての性質をもっている。法人は自然人と異なって利益を生み、それによって所有者を満足させている間は基本的にいつまでも存在することが可能である。

逆に、利益がなければ企業は機能しない。なぜなら、「利益を生む」ことこそが企業の目的であるからだ。株式会社はとくにそうで、なかでも重要なこの法人は、今日「シェアホルダー・バリュー」(2)という概念のもとに得た利益で繰り返し新聞の大見出しを飾っている。

そもそも法人に投資が行われるのは、法人に利益が期待されているためである。その代わりに投資家は、利子とリスクプレミアムあるいは配当金という形の代償をもらうことを期待している。投資は一般的に危険なものである。言うまでもなく、期待している収穫が得られるのは未来であり、その未来は常に予想外の動きを伴うものであるからだ。そのため企業は利益を出し、他人資本の出資者に利子とリスクプレミアムを、そして株主に配当金を支払えるようにしなければならないのである。

また、投資が高リスクになるほど平均利益も大きくならなければならない。そうでなければ、投資家はお金を出す気にならないのだ。

というわけで、経済全体は企業が平均して利益を出すときにのみ機能する。そして、このような利益は、企業が未来にも販売量をさらに増加させるときのみ、つまり経済が実際に成長しているときにのみ実現することができる。なぜなら、株価は支払われた未来の収益（配当金）を今日の価値に換算したものであり、株式市場で価値をもつのは投資プロジェクトが利益をもたらすと期待される企業だけだからだ。そのような期待がなければ、会社の株式市場価値は無に等しい。

新しい投資はクレジットシステムを生みだす

ある経済活動が追加投資を必要とするとき、企業が減益や損失を被らないためには、その経済活動にお金が常に注ぎ足されなければならない。これは、いったいどういうことを意味するのだろうか。

ある経済活動のなかで、新しいダム建設という大きな投資プロジェクトがもちあがったとしよう。そうすると、この経済活動のなかにいる人々は、言うまでもなくダム建設に出資するために財布の紐をきつく締めようとするにちがいない。しかし、出費を切り詰めるということは同時に消費が減るということであり、人々は必然的にモノやサービスをあまり消費しなくなり、それに応じて企業の収入も減って、まもなく損失を出すことになる。

経済史に見られる高成長率の成功例のなかには、主に節約することで新しい投資を行ったものは一つも見当たらない。節約の必要があるのは、お金を使わない交換経済のなかだけである。そのなかで生活する農家がより多くの穀物の種を蒔こう（追加投資）とすれば、その農家はそれに相当する量のパンを断念しなければならない。穀物に投資（種を蒔く）しながら、それと同時にパンという形の消費をつづけることはできないのである。そのため、交換

（2）　株主価値。株主の利益を重視する経営方法。

経済においては成長の可能性が大幅に制限され、長期にわたって停滞がつづいた。

成長がはじまったのは貨幣経済になってからのことで、それもそのお金を増やせるようになってからである。もともとは、鉱山の採掘や植民地時代に植民地から奪い取ったりした貴金属（金や銀）の流入によって起こった。こうして金が常に流れ込むようになり、前もって財布の紐をきつく結んでおかなくても新しい投資をまかなえるようになったのだ。

しかし、当時の貨幣経済にはそれほど大きな成長は見られなかった。金や銀の産出および加工には、どちらかというとお金も労力も結構かかったのである。また、以前植民地だった国々も貴金属の無償供給者という立場に満足できなくなって次々と独立していったため、そこでの搾取もつづかなくなった。

お金の流入問題をもっとうまく解決したのは現代のクレジット経済である。今日、銀行はお金を返済する能力があると査定した顧客にクレジットを提供してくれるため、成功の見込みがある新しい投資プロジェクトは非常に簡単に資金が得られるようになった。つまり、そのためにお金を節約する必要がなくなったのである。

銀行は、その金額を債務者の貸し方に記入することでクレジットを提供し、このときにお金がつくられる。いわゆる振替（帳簿）貨幣である。一方、債務者は、貸し方に記入されたこの銀行預金を使って直接支払いを済ませることができる。つまり、ある投資家が銀行からクレジットを受け取ると、その投資家は機械を買ったり建物を建てたりしてクレジットマネーを流通させる。こうしてその経済活動のなかで収入が増え、付加的な購買力が発生する。しかし、新しい投資を貯蓄でカバーするとなるとそういうわけにはいかない。

投資のための支出は生産より先

ある企業が新しいプロジェクトに投資すると、それによってまもなくお金が動きだす。つまり、付加的な購買力がつくられることになる。この付加的な収入は商品やサービスの購入を促進させるために投入されるので、企業の利益も増加する。

しかし、生産自体には時間を要するので、新しく投資されたお金で生産された製品が市場に送りだされるまでには少し時間がかかる。そして、追加のクレジットが提供されると即座に収入が増加し、それに応じてモノやサービスに対する出費も増える。ただし、これらのモノやサービスはその前にすでに生産されているものであるので、生産費は以前の低い出費ですむ。

このように、投資のための出費と生産の間にある程度の時間差があるため、経済活動が成長していれば常に利益を上げることができる。

もちろん、現在の投資によって出費も増えるが、これは新しい資本で生産されたものが市場に出回らないうちはあまり関係がない。そして、新しい投資が再び新しいクレジットで賄われると収入がさらに増えるため、収入の増加は常に費用の増加の先を行くことになる。ただし、これは経済が成長をつづけている間だけの話で、成長が止まれば収入はあっという間に出費に追い越され、利益は再び消失することになる。

以下、クレジットマネー経済における成長プロセスを簡単にまとめてみよう。

成長は、モノやサービスの生産を将来増加させる新しい投資プロジェクトによってはじまる。その際、投資のための支出はそれなりの貯蓄がなくても可能で、現代的なクレジットマネー経済のなかでは銀行クレジットによって融資される。このようなクレジットによって付加的なお金が生まれ、付加的な購買力が発生して、それが即、収入の増加およびモノやサービスの消費の増加につながる。これによって企業の利益が向上し、企業はこの利益のなかから他人資本の利子やリスクプレミアム、および自己資本の配当金を支払うことができる。この支払い、つまり利子やリスクプレミアムや配当金は、その大部分が経済の循環のなかに戻って再び付加的な需要を発生させることになる。

これに対して成長プロセスが滞ると、投資を行っても付加的な収入を得られなくなるために採算が合わなくなる。そうなると企業は、長期にわたって利子やリスクプレミアム、配当金を支払いつづけることができなくなる。企業の一部は倒産し、経済は重大な危機に瀕して縮小しはじめることになる。これを防ぐことができるのは成長だけなのだ。

投資とクレジットマネーと利益は根本的に連動しており、この関連は一方で成長を可能にするが、またもう一方では成長をなくてはならない存在にしている。多くの実業家やマネージャーは、たとえ奥深い理由を挙げることができなくてもこのことを直観的に理解している。マクドナルドのジャック・グリーンバーグ(3)などは次のように語っている(＊5)。

「成長しなければ縮小する。現状維持はない」

言い換えると、あるのは成長か縮小かのみで、長期的に同じ状態にとどまる経済はありえないのだ。しかし実際は、すべてがもう少し複雑なものになっている。国内外やますます錯綜する国際金融市場のシステムが成長プロセスを複雑にしているのである。全体的な世界経済における根本的なメカニズムは、今簡単に説明した通りである。

ほかの国々が複雑に絡み合っていることによって、残りの世界が成長をつづけていれば自

(3)（Jack Greenberg, 1942～）マクドナルドの元会長兼最高経営責任者（ＣＥＯ）。現在は、さまざまな経済関連の団体や評議会などのメンバーを務める。

国に成長が見られなくてもある程度の期間はうまく切り盛りしていくことが可能な国もあるだろう。そのよい例が一九九〇年代前半のスイスだ。このころ、スイスはほとんど成長しなかった。だが、それでもスイスの収入は増加した。それは、スイスが外国の成長にかかわっていたからである。

スイスが所有するお金の大半は外国のものであり、その国が成長するとそれ相応の利益が生みだされる。そして、これらの利益は、企業利益（直接投資の場合）あるいは利子や配当金、資本利得（ポートフォリオ投資の場合）という形で再びスイスに戻ってきた。この仕組みが、スイス国内における成長の必然性を弱めたのである。

というわけで、グローバルに見ると今日の経済が機能するためには成長が不可欠であり、トレッドミルはこの成長が永続するための大前提となっている。ただし、ここでは経済が実際にどれだけ成長しなくてはならないのかということは分からない。あるいは、問い方を少し変えてみると、私たちは経済の機能の仕方に影響を与えずにどのくらい成長を減速させることができるのかということが分かればよいのである。目標はもはやできるだけ高い成長ではなく、トレッドミル効果ができるだけ少なく現れるような成長でなければならない。そのための「遊び」は、今日まで測られたことがない。

本書の第３部では、このような発展を導く対策について言及していくことにする。

第3部

トレッドミルから飛び降りろ！

「われわれは、『ひげ剃りの速度症候群』と私が名づけた病を治さねばならない。われわれはどんどん速くひげを剃り、それによって器械を発明する時間をつくって、その器械でさらに速くひげを剃る。これを無限に繰り返しているのだ」（ニコラス・ジョージェスク＝レーゲン(*)）

（＊）（Nicholas Georgescu-Roegen, 1906～1994）ルーマニアの数学者、経済学者。共産主義の台頭後アメリカに亡命し、ヴァンダービルト大学の経済学教授などを務めた。『エントロピー法則と経済過程』高橋正立、神里公訳（みすず書房、1993年）。

第12章 みんなが罠にはまっている？

どうすればより幸福な人生となるか——このことを説く本は無数にある。その秘訣を「家族」や「宗教」など伝統的な価値観への回帰に見いだす著者もいれば(＊1)、物質主義に走らず生活を簡素化するとよいというアドバイスをする人もいる(＊2)。あるいは、より累進度の高い所得税や消費税の導入(＊3)、果ては子ども向けの広告を禁止するという国家的な対策までもが求められている(＊4)。

私はといえば、現実的に明らかにほとんど助けにならないようなアドバイスはしないようにしたい。何より、「人生の素晴らしい瞬間をもっと多く味わうことができたらもっと幸せになれる」とか、「もっと感謝の気持ちを表せ」という、うわべだけのごく平凡な訓戒を繰り返すつもりも毛頭ない。

もちろん、これらの訓戒はこれで正しいのだが、号令をかけられたからといっていきなり何かを味わったり感謝の気持ちを表したりすることはできないだろう。それよりも、私たちはなぜ味わうことができないのか、なぜ感謝することができないのか、そして、どんなメカニズムがそれを邪魔しているのかをさらに突っ込んで問うべきである。

次に、現在この地球に住む人間よりももっと優れた人間になるようにというアドバイスもよく見かける。「他人と比べるのはやめなさい」とか「高望みはやめなさい」とかというアドバイスはもちろんとても効果があるし、実行できればステータス・トレッドミルや要求トレッドミルを完全にストップさせられるだろう。しかし、生物学的に私たちはどうしても他人と比較せずにはいられないようにできているらしい（第13章を参照）。二〇〇〇年以上も前にアテネの市場を歩きながら、自分にとって必要のないものがいかに数多くあるかということに気づいてうれしく思ったソクラテスの精神に近い人はまだまだ少ないのだ。人間の性質を変えようとすることは、非現実的なことなのである。

三番目に、経済学者である私は道徳的な説教をするつもりもない。私の提案が経験的調査の結果を土台としているのはそれゆえである。そして、それぞれがより幸福になるためにはどこからはじめればよいかということを指し示し、現在の経済システムのなかで実現できるものを挙げたつもりだ。

ただし、これらのほとんどは、「二番目で絶対に満足するな」とか「上り詰めるまであきらめるな」とか「よいというだけでは不十分だ」とか「本気になればできる」とかといった言葉に反映される、現在の時代精神にマッチするものではない。今は何でも、もっと良く、もっと有利に、もっと効率的に、そしてもっと革新的にならなければならないわけだが、まさにこのような考え方こそがトレッドミルを加速し、私たちの幸福を阻んでいるのである。

何よりも大切なことは、ある特定の行動と個人の幸福感に対するその影響について再び議論がはじまることである。**表6**は、第3部で紹介する戦略の概要を示している。

すぐに分かる通り、これらの戦略は個人だけではなく企業や国家にも適用できる。企業や国家の協力なくしてトレッドミルから逃れることはできない。とくに、個人で行動を変えようとしても、その個人がいわゆる「囚人ジレンマ」に陥ると失敗するために国家や企業の関与は欠かせない。この「囚人ジレンマ」の典型的な例として、重罪を言いわたされたAとBという二人の囚人を挙げてみよう(＊5)。両者は、次のような説明を受けている。

二人のうち片方だけが自白したときは自白した人は釈放されるが、もう一方の囚人は禁固三〇年の最高刑を受ける。両者とも自白すればそれぞれ中くらいの五年の禁固刑、そしてどちらも自白しなければ、証拠もあまりないために二人とも一年という軽い刑を受けるとしたら、二人はどのような行動をとるだろうか。

結果としてもっとも可能性の高いのは、二人とも自白しないほうがよいにもかかわらず両者ともに自白をするケースだろう。なぜなら、AとBは話し合うことを許されておらず、互いに協力できないからである。この二人の囚人は、相手がどんな行動に出るか分からないま

表6　対トレッドミル戦略

戦略	行為のレベル	逃れられるトレッドミル
1.正しい池を選べ	個人	ステータス・トレッドミル
2.モノを増やす代わりに魅力的な社会生活を	個人	マルチオプション・トレッドミル、要求トレッドミル
3.ベストを求めるな	個人	マルチオプション・トレッドミル
4.家庭生活にストレスを与える生活スタイルを避けよ	個人	時間節約トレッドミル
5.空間と時間の柔軟な使い道を有効に活用しろ	企業、個人	時間節約トレッドミル
6.効率、革新、競争力、改革を称揚するな	企業、国家、個人	時間節約トレッドミル
7.義務的な制限を導入しろ	企業、個人	時間節約トレッドミル、マルチオプション・トレッドミル、ステータス・トレッドミル
8.ランキング・マニアと闘え！	企業、国家	ステータス・トレッドミル、要求トレッドミル
9.国家による再分配を増やす代わりにトップサラリーを制限	企業、国家	ステータス・トレッドミル
10.世の中を楽しむ術を学べ	個人	すべてのトレッドミル

ま自分はどうするかを決めなければならない。そして、それでもなお両者が決心するときには、相手の行動を考慮に入れざるを得ないのである。

Bが自白すれば、Aにとっては自分も自白するほうが好都合なことは言うまでもない。しかし、Bが自白しなくてもAは自白するほうがよい。Aにとっては、Bがどう出ようと自白したほうがよいのである。これはBにとってもまったく同じであり、これが囚人ジレンマである。つまり、両者ともに自白しないという両方の囚人にとって理想的な解決策は、両者が協力し合わないことには成し得ないのである。

この状況は対話が許されると改善されるのだろうが、たとえそうなったとしても理想的な結果が得られることはまずないだろう。なぜなら、Bが自白しないと約束しても、それを信じてよいかどうかがAには分からないからだ。嘘をついた場合、AがBに対して制裁を加えられるというのなら話はまた別だが、囚人の間ではそれも無理である。両者が一年間の禁固刑ですむ理想的な結果となるためには、Aに対してもBに対しても、拘束力をもつルールが必要となる。

さてそれでは、この二人の囚人をある会社に勤める二人のサラリーマンに置き換えてみよう。この二人はストレスを抱えており、残業時間を減らしたいと思っている。しかし、Aが仕事時間を減らしてBがこれまでと同じように残業をつづけると、Aはおそらく自分で自分の首を絞めることになる。なぜなら、将来二人のうちどちらかを昇進させることになったとき、「怠け者」のAより「働き者」のBが選ばれることになるからである。

しかし、逆にBが仕事時間を減らせば、Aはこれまでと同じように残業をすることによって自分に有利な立場を引き出すことができる。つまり、Bが何をしようと、Aはこれまでのように残業をするほうが有利なのである。Bの立場でも状況はまったく同じで、AもBも仕事を減らして残業を少なくするという理想的な結果は両者に義務づけられた約束事なしには得られない。Aは、Bも残業時間を減らすという確信があって初めて自分も仕事を減らしてストレスを軽減することができる。それ以外にこの理想的な結果に達する方法はなく、AもBも相変わらずストレスをためつづけることになる。

囚人ジレンマは三人以上のグループにも適用できる。全員に理想とされる解決策に向けて踏みだした最初の一人は、そうすることで自分を不利な立場に立たせてしまう。だから、誰もその一歩を踏みださない。つまり、誰も最初の一歩を踏みださないので、グループ全体が囚人ジレンマという罠から抜けだすことができないのである。

というわけで、せっかくよい考えを抱いても、それがトレッドミルから逃れる実際の行為につながることはほとんどない。このような出来事を防げるのは、集団行動に関する拘束力をもつルールのみである。そして、ルールの策定を専門としているのは企業や国家なのである。

第13章 戦略その1――正しい池を選べ

ステータスが、多くの人々の幸福に大きくかかわっていることはすでに見てきた。彼らは自分の友人や同僚、隣人、親戚、あるいは同窓生に比べてより豊かな、より賢い、より大きな権力をもつ、よりきれいな、そしてより愛される人物になりたいと思っている。なかでも職業は大切である。位の高い高所得の役職は、いまや究極のステータスシンボルとなっている。年齢を重ねるとともに、（とくに男性の）ステータスは仕事の成功に大きくかかわってくる。それ以外に、世の中の残りの人々を感銘させられるものはもうあまりないのだ。

高所得のマネージャーや輝かしい功績をもつ弁護士、あるいは名高い医師なら周囲を感嘆させるステータスシンボルも手に入れられよう。洒落た家に住み、エレガントな車を乗り回し、魅惑的な夫人と秘書もそばにいる。だが、彼らがある日に職を失い、これらのステータスシンボルを手放さなければならなくなったら、周囲に感銘を与えるものなどはもうほとんど残らないだろう。

とはいえ、大多数の人々は、そもそも高所得のマネージャーでも、輝かしい功績をもつ弁護士でも、名高い医師でもない。ましてや、人気のある俳優やポップスターでもなければ有名な一流スポーツ選手でもないし、世界に知られる人物であることなどはほとんど考えられない。私たちは、ほぼ全員が大きな池に棲むちっぽけなカエルなのだ。このような小さなカエルがより大きな満足を得るための最良の道は、もちろん大きなカエルの存在をとにかく無視し、彼らとの比較をやめることである。しかし、こんなことができるのはだいたいにおいて聖人か世捨て人か狂人のみである。ロバート・フランクは、これについて次のように書いている。(＊1)

「調査結果によると、人間はある内なる声とともに生まれてくるようである。その声は、階級組織の階段をできるかぎり高く上れ、と人間を駆り立てている」

つまり、普通の人間はどうしても他人と自分を比べずにはいられないのである。この点において（しかし、これだけにかぎらず）人間はサルと非常によく似ている。ほかのサルよりも高いステータスをもったサルが新しいグループに入ると、そのサルの体内では幸福感を脳に伝える伝達物質セロトニン(1)の値が上昇するのだ。(＊2)

だが、ステータス・トレッドミルの作用を軽減するもっと簡単な方法がある。周りにいるカエルが大きすぎるのであれば、それにはに構わずにほかの池を探して自分のポジションを改善すればよいのである。カール・マルクス(2)は、かつてこんなふうに述べている。

「家は、大きくても小さくても構わない。近所の家々が同じくらい小さければ小さな家でも十分だ。しかし、小さな家の隣に宮殿が建ったら、その小さな家は掘っ立て小屋になってしまう」

というわけで、小さな家しかもてないのであれば宮殿の隣には建てないことである。この場合は、どう見ても住む池がまちがっているので、みんなが小さい家に住んでいる地域を探すべきである。そうしなければ、朝、玄関を出て隣にそびえる宮殿を見た途端、はじまったばかりの一日が台無しになってしまう。

自分に合った池がどれほど重要かということは、人生の早い時期にはっきりとする。子どもからして、常に同級生より強く、より賢く、あるいはよりクールになろうと努力しているのだ。そして、たいていの場合、底辺で何となくウロウロしているよりクラスのトップに属しているほうが楽しい。

ロバート・フランクはその例として、アメリカのある裕福な家の息子を挙げている(*3)。この息子は有名私立校を転々としたが、どうしても進級することができなかった。成績はいつまでたってもよくならず、とうとう進級をあきらめざるを得なくなった。彼はすっかりしょげ返ってしまい、自分をまぬけで何の役にも立たないでくの坊だと思うようになった。

息子のできの悪さにがっかりした両親は、最終的に同じ地域にある公立校に彼を転校させた。すると驚いたことに、彼はその学校でトップクラスに入るほどの目覚しい成長を遂げた。劣等コンプレックスからやっと解放されて、新しい友達もできて以前より幸せになった。名門私立校は彼にとってはまちがった池だったのだ。そこでは小さなカエルでしかなかった彼だが、公立校では小さな池の大きなカエルになることができたのである。

ボクシングや重量挙げなど、体重別に階級を設けているスポーツの場合は、正しい池を選択することで身体的な条件が異なる選手にいかにふさわしい環境をつくることができるかということがよく証明されている。

体重が五〇キログラムの男性は、一二〇キログラムもあるヘビー級のボクサーと対戦するという「ダビデとゴリアテ」(3) を演じることはない。あるいは、自分より体重のある対戦相手

---

(1)　生理活性アミンの一種で、脳、脾臓、胃腸、血小板に多く含まれ、血管収縮、止血、脳における神経伝達などに作用する。また、脳の活動を高めるといわれる。

(2)　(Karl Marx, 1818～1883) ドイツの経済学者、哲学者、革命家。一八四〇年代半ば、エンゲルスとともにドイツ観念論などを批判的に摂取して科学的社会主義の立場を創始した。主著『資本論』向坂逸郎訳（岩波書店、一九六九年）。

が片手で軽々と持ち上げるバーベルを、自分も持ち上げようとして大汗をかいて屈辱を味わうこともない。もちろん、すべての階級が同じ威光を放っているわけではなく、ヘビー級チャンピオンはフライ級チャンピオンよりもやはり注目度が高い。それでも、フライ級にしてみれば、威厳あるスーパーヘビー級の巨人にノックアウトされるより（大きな池の小さなカエル）、自分にあった階級でチャンピオンになったほうがよいのだ（小さな池の大きなカエル）。

勉強のあまりできない生徒が同じクラスで秀才と肩を並べるために努力しなければならないというのは、ヘビー級ボクサーと対戦するフライ級ボクサーと同じようにつらいことだ。せっかく種々の学校が用意されているのだから、それを利用しない手はないだろう。

ただし、知能に関しては、ボクシングで体重を計るほど信頼のおける測り方はできない。また、学校や大学での子どもの成績は自分自身のステータスにもかかわってくるため、親が子どもにまちがった池を選んでしまうことも少なくない。アメリカの上流階級に属している人は（ヨーロッパでは、まだそこまでいっていない）、自分の息子や娘が通っているのは「ただの公立学校だ」などと友人や隣人、そして同僚に告げる状況にだけは陥りたくないと思っている。そのため、もう少しレベルを下げたほうがもっと幸せになれるはずなのに、子どもを無理やり名門私立校へ入れようとする親も多い。

しかし、子どもを不幸にしているのは学校の成績ばかりではない。費用のかかる余暇活動をやらせてもらえなかったり、豪勢な誕生パーティーを開いてもらえなかったり、あるいはまた新しいデザイナージーンズや最新の携帯電話を買ってもらえなかったりすると、彼らはやはり自分を大きな池に棲む小さなカエルのように感じてしまうのである。

そのような場合、モノにばかりこだわっている環境にいながら子どもを叱っても功を奏することはあまりない。ファッションや高価なアクセサリーや費用のかかる余暇活動が確固としたステータスとなっている池で生活するかぎり、子どもたちがそれとリンクしているステータス競争から逃れることはほぼ不可能なのだ。しかし、金持ちの子どもがあまりいない別の学校もあるのだから、別の池を探しさえすれば、子どもたちのステータスや幸福感は五つ星のバースデーパーティーをしなくても改善されるはずである。

一方、経済におけるステータス競争は、スポーツや学校の場合とは異なって人をクラス分けしても緩和されることはない。幼いころから「誰でもトップに立つことができる」と言われつづけてきたため、現代の社会では全員が互いに競争しあうようになった。このような考え方によって、大勢の人々が大きな池の小さなカエルになってしまったのである。

（3）『旧約聖書』に登場するペリシテ人の三メートル近い巨人の兵士。イスラエル軍とのにらみ合いで、のちにイスラエルの王となる少年ダビデがゴリアテとの一騎打ちを行い、投石器で額に石を命中させて倒した。

アメリカに住む、熱心なスカッシュプレーヤーのリック・モロニさんもそのなかの一人だ。(*4)彼はまちがった池を選択して、みんなが彼よりも格段に収入が多いという、非常に高級なスポーツクラブに入会してしまった。そのため、トレーニングやラケット、試合の参加などにかかる費用や試合後に行くレストランの代金は、彼の収入のすべてを吐きだしてしまうことになった。

コックであるモロニさんの収入はそれほど多くなかった。最終的にモロニ夫妻は、このクラブを辞めて別の池、つまり大きなカエルばかりがいるなかで自分は小さなカエルだと思わなくてもすむ、もう少し安いスカッシュ・クラブを探すことにした。

リック・モロニさんのように、私たちも大きな池の小さなカエルに甘んじている必要はどこにもない。池を変えて相対的なポジションを改善する方法はいくらでもある。ドイツやスイスのような豊かな国で経済的な劣等コンプレックスに悩んでいる人（少なくない）は、もう少し貧しい国に行けば周囲に比べて豊かになるので、状況は簡単に変わるだろう。そして突然、裕福な国々の上流階級の生活を素晴らしく見せているもののすべてを手に入れることができるようになる。

豊かな国から貧しい国に移ると、永遠であれ一時的であれ、小さなカエルはたいてい大きなカエルに変身する。もちろん、すべての人々が長く途上国に住んでそこで働けるわけではない。また、この一歩を踏みだしたことで大きな問題に出くわすこともある。しかし、途上国への引っ越しは、別の池を選択することによってステータスが改善される一つの例ではある。そして、実際に途上国に移り住むことを決意する人は増えるばかりである。みんな、小さなカエルのままで一人細々と暮らしつづけることにうんざりしているのだ。純粋な経済学的な見地から見ると、彼らの行動は正しい。彼らは、池を変えることでより幸せな生活を手に入れようとしているのだから。

しかし、今住んでいる所でも新しい池を見つける必要がある。とはいえ、これらの池の多くはこれまでの間にほとんど忘れ去られてしまった。なぜなら、マスコミが絶え間なく世界中の裕福な、多くの成功を成し遂げた有名で美しい人ばかりを紹介するからである。それによって、これらの到達不能な有名人や超一流の人々と自分を比較する人々が増えるばかりとなった。しかし、そんな比較をするよりも、自分の身近にあるステータスについて考え直したほうがよい。「地元のヒーロー」は、「グローバルな敗者」という立場よりもずっと満足できるものなのだ。

たとえば、あなたはポロ・ホーファ(4)という名前を聞いたことがあるだろうか。まあ、あなたがたまたまスイス人であれば、ポロ・ホーファがわが国指折りの有名歌手であることはご存知のはずである。つまり、彼は小さな池の大きなカエルである。しかし、マイケル・ジャクソン[5]やマドンナ[6]、あるいはミック・ジャガー[7]などと比べると彼は無名に等しい。

スイスというローカルな池は、小さなカエルでしかいられない「世界」という大きな池よりも、彼にとってはずっと居心地のよい棲家なのである。「グローバルに考えよ。グローバルに行動せよ」というスローガンは、ステータス・トレッドミルにはあまり向いていない。むしろ、「ローカルに考えよ。ローカルに行動せよ」と言いたいところである。

もちろん、ポップスターについて言えることはほかの職種にも当てはまる。高給取りのドイツのマネージャーは、もっと高い給料をもらっているアメリカのマネージャーなどとは比較せず、自分の高給に喜ぶべきである。

ローカルながら手に入れられるステータスシンボルは収入のほかにもたくさんある。町一番の役者であったり、地域のミス○○に選ばれたり、近隣をリードする弁護士であったり、大学のなかで一目置かれている教授であったりすることでも人は十分幸せになれる。何も、チェスの世界チャンピオンやミスワールド、世界的に有名な法律家や世界に名を知られる学者である必要はない。

ビル・ゲイツ[8]やジュリア・ロバーツ[9]、ミハエル・シューマッハー[10]、あるいはオプラ・ウィンフリー[11]といった人々が成し遂げたことと比較してばかりいると、ローカルなステータスを手に入れたとしてもなかなか喜ぶことができない。そうならないためにも、ローカルな池を大切にしたいものである。十分な数の池さえあれば、ほぼ誰でもそれぞれの池で大きなカエルになることができるのだ。

---

(4)（Polo Hofer, 1945〜）スイスのロック歌手。一九七〇〜八〇年代にスイスのロック・ポップス界に起こったスイスドイツ語ソングのブームで人気を博した。

(5)（Michael Jackson, 1958〜2009）アメリカのポップス歌手、ソングライター。兄弟で「ジャクソン５」として活動したあと、一三歳でソロデビュー。以来、数々のヒットと記録を作る。二〇〇三年、少年に対する性的虐待疑惑で逮捕されたが無罪となった。

(6)（Madonna, 1958〜）アメリカのシンガーソングライター、女優。奇抜な衣装やダンスで常に注目を浴びている「ポップス界の女王」。映画や舞台への出演、執筆活動も行っている。

(7)（Mick Jager, 1943〜）イギリスのロックシンガー、俳優。ロックグループ「ローリング・ストーンズ」のボーカル。二〇〇三年、英国王室からナイトの称号が授与された。

(8)（Bill Gates, 1955〜）アメリカの実業家。世界最大のコンピュータ・ソフトウエア会社「マイクロソフト」社の共同創業者。慈善活動にも積極的。

(9)（Julia Roberts, 1967〜）アメリカの女優。一九八八年に映画デビュー。一九九〇年、主役を演じた映画『プリティ・ウーマン』が大ヒットしてスターに。

(10)（Michael Schumacher, 1969〜）ドイツの元Ｆ１ドライバー。二〇〇六年に引退。現役時代はドライバーズチャンピオンを七回獲得するなど、数々の新記録を打ち立てた。

(11)（Oprah Winfrey, 1954〜）アメリカの女優、テレビ司会者。人気のトークショー『オプラ・ウィンフリー・ショー』の司会を務める。書籍の評論、慈善活動なども行う。

第14章

戦略その2――モノを増やす代わりに魅力的な社会生活を

幸福には、社会生活や社会との接触がとても大切であるということはすでに見てきた通りである。しかし、心の会計にある欠陥のおかげで、個人の幸福に対するこれらの功績はたいてい過小評価されることになる。健全な社会生活は幸福や満足に対して高い「心理的な配当金」をもたらしてくれるが、これらはお金という単位で測ることができない。測ることができないものはたいていてい無視されてしまうが、これはまちがっている。

そういうわけで、魅力的な社会生活によって得られる心理的な配当金を正しく把握するために、私たちの心の会計を正常に戻す必要がある。そうしなければ、私たちは収入やモノの購入によって感じる幸福を過大評価し、逆に社会生活に欠かせない人との交わりによって得られる幸福を過小評価してしまうのだ。

一つの例を挙げよう。必要最小限の欲求を満たせる稼ぎしかない若者がいる。週末は定期的に友人と過ごし、折に触れて情事を楽しむための時間も彼には十分ある。ただ、足りないものが一つだけある。ステータスシンボルとして、同僚や未来の恋人に披露できるようなトップクラスの車を買うことができないのだ。

そこへ、週末も仕事をしないかというオファーが飛び込んできた。そうなると友人には定期的に会えなくなるが、一方では、収入が増えることによって夢にまで見た車を買うことができる。こうしてこの若者は、今、友人と過ごす楽しい時間と新しい車が将来もたらしてくれるであろう喜びを比較するという問題と対峙することになった。

彼が仕事を選んだとしても、それは別に驚くことではないだろう。車の価値はお金で測ることができるので分かりやすく、すぐにステータスとなる。車を買えば、彼は鼻高々にアクセルを踏み込み、周囲の感嘆や嫉妬を楽しむことができるはずだ。それに対して、友人関係から得られる心理的な配当金ははっきりと分からない。もちろん、友人と一緒に過ごす時間は楽しい。だが、みんなで話をしたりビールを飲んだりして過ごす多くの時間は本当に何かをもたらしてくれるのだろうか。

週末の仕事の機会費用、つまり友達と過ごす喜びはほとんど計算不可能なため、目下のところあまり重要ではないように思える。水の大切さが分かるのは泉が枯れてからだ。友人関係の価値も、多くの人々はなくなってしまうまで気がつかないものである。

私は、「残業は常に悪い決断だ」と言うつもりはさらさらない。しかし、この若者が新しい車を所有するときの喜びを過大評価している可能性はかなり高いと言える。なぜなら、彼はこの喜びがどんなに早く消えうせてしまうかということをよく理解していないからだ。

とはいえ、このようなたぐいの幸福は価値を正しく評価するのが難しいばかりではなく、そのために社会的な関係を絶やさないようにしようと思えばそれなりの時間もかかる。また、幸福は主に収入と出世に左右されると考えているかぎり、お金をもたらさない活動は基本的に時間の浪費だと思ってしまいがちだ。友達に会うなど、ある程度の時間を必要とする社会的なコンタクトは、時間の節約がはじまると一番に停滞してしまうのである。

この若者は、定期的に友人たちと会わなくなれば、まもなく友人たちからよき友だ

野外での他愛のないおしゃべりがストレス解消になることも

とは見てもらえなくなるだろう。友人とのネットワークは、絶えず連絡を取り合ってそれ相応の時間を費やさないと壊れてしまうものだ。彼はそのネットワークからはみ出し、時間を節約しながら自分の周囲の人間をトップクラスの車で感嘆させようとしているのである。このようなことは長つづきしないものだ。

人間は、ジャングルのなかの孤独なトラより群れをなす動物に似ている。要するに、幸せな生活を送るためには社会との接触が欠かせないのである。生態系は、自然資本が極端に減少すると機能しなくなる。しかし、人間には必要最小限の自然資本のみでなく、最近頻繁に使われるようになった概念を使ってみると最低限の社会資本も欠かせないのである。(＊1) そして、今日の社会があまり幸福ではない主な原因は、これらの資本が必要最小限のラインをよく下回っていることにある。

経済学において社会資本は特例である。社会資本はお金の投資ではなく、第一に時間の投資によって築かれるからだ。もちろん、お金をたくさん持っている人が友人もたくさんもっていることを誰でも知っている。しかし、このような場合は、人を本当に幸せにしてくれる友情とは異なることが多い。

社会資本への投資によって得られる心理的な「幸福配当金」は、傾向として社会資本の基礎がお金の投資から離れるほど高くなる。つまり、一緒にいるのが好きだから時間をともに過ごす場合と、何らかの形で報酬を受け取るから時間をともに過ごす場合は別物なのである。お金が支払われると、友人は寄生虫に、そして恋人は売春婦（夫）になってしまう。一般的に、これらの関係から長期的な幸福が生まれることはない。お金の投資と時間の節減によって社会資本のストックを増やそうとすれば、たいていの場合はまったく逆の状況に陥ることになる。このことは、何度でも繰り返して強調したい。

「ネットワーキング」という言葉やネットワークの重要さは昨今よく話題に上ってくる。優れたネットワーカーというのは、公私ともどもの幅広い人脈をうまく役立てられる人である。しかし、このような利益を追うためのネットワーキングでは社会資本を形成することはできない。社会資本の形成には、ほかの人に対する純粋な関心が欠かせないのだ。これは、経済的な関心と取り違えてはならないものである。ネットワークの目的が経済に深くかかわってくるほど、そのネットワークは関係者の幸福に寄与しにくくなる。つまり、社会資本は破壊されるのである。

このことに関しては、第５章で紹介した一〇〇〇人のテキサス女性に対する調査も間接的な情報を提供している。つまり、ほかの人とともに過ごす喜びは、経済的なかかわりがないほうがより大きいのだ。顧客が友人に発展したり、ネットワークから社会との大切な接触が生まれることも十分に考えられるが、そういうときには常に経済的な関心を越えてある親近感が芽生えてくる。

社会資本を束ねているのは、最終的にこの親近感である。狭い視野で見たときには非経済的な行動で人間関係を活用していなくても、広い視野ではそれがときに非常に経済的になる（自分の幸福を最大限に増やす）こともある。

社会関係が経済化される背景には、プロフェッショナル化され、エキスパートに委ねられるケースが増えていることもある。子どもたちを育てるのは資格をもつ保母であり、その場所は保育所である。反抗期の一〇代の少年少女は家庭内で話し相手を見つけることができず、心理カウンセリングへ通っている。そして大人になると、職業についてでも夫婦問題でも、あるいは体調に関してでも、友人ではなく専門教育を受けたエキスパートにアドバイスを求めることになる。そして、最後に年老いて介護が必要になるとプロフェッショナルな老人介護が活躍する。

こうして、かつてこのようなサポートを引き受けていた家族や友人、あるいは隣人などは負担が軽減されて、自分がやりたいと思う活動をもっと行うことができるようになった。ということは、状況はこれから良くなるばかりなのではないだろうか。

社会資本について分かっていることから考えると、どうもそうとは思えない。社会関係がプロフェッショナル化されたり経済化されたりすると、それとともに社会とのコンタクトもたくさん失われていくことになる。ほんの数年前まで、子どもたちは午後に近所へ出ていけば、いつでも遊び友達を見つけることができた。また、同じアパートに住む高齢の女性のために、隣に住む女性が自分の買い物のついでに彼女の分も買い、そのあと二人でおしゃべりをすることも珍しくなかった。もちろん、これらの行為にお金のやり取りは一切ない。

今日の私たちは、このような社会資本を棒に振ってしまっている。自分で何もかも決定できる主権をもつ個人は、デザイナーズ家具で飾られたマンションに鎮座しているだけだ。ここには一〇〇〇を軽く超すチャンネルを受信する巨大な薄型テレビが置かれ、ＤＶＤもインターネットも当然のようにある。しかし、残念ながら、このような技術に頼った娯楽には個人の幸福に大きく寄与する社会資本は期待できない。

つまり、個人的なコンタクトに代わって見知らぬ他人である専門家に相談するようになると、その人の個人的な幸せはたいてい損なわれてしまうのである。ゆえに国家も、存続している個人的なネットワークを壊してしまうようなサービスではなく、このネットワークを土台とするようなサービスを提供するように留意すべきである。社会資本の破壊にはたいして時間がかからないが、これを再建しようとすれば多大な労力を必要とするのだ。

第15章 戦略その3――ベストを求めるな

理想的な商品や活動の選択は、現代のマルチオプション社会においてはますます苦悩と化すばかりである。数あるオプションから何かを選択しなければならないとき、現実的にはベストなものを見つけられることはまずない。いつも最高の選択をしようとすれば、まもなく無駄な努力をしていることに気づくはずである。無駄な努力をして幸せになることはない。

アメリカの心理学者バリー・シュワルツと彼のスタッフが行った調査によると、夢想的で私たちを悩ませるだけの「ベスト」の探求よりも、もっと現実的な「これで十分」を求めるほうがよいことが明らかになっている。(＊1)

大切な決定と大切でない決定を区別する

私たちは、毎日何百もの決定を下さなければならない。しかし、ほとんどの場合、その影響が私たちの幸せを大きく左右することはない。ならば私たちは、与えられた時間とエネルギーを満足のいく暮らしに役立つ決定のために費やすべきである。多くの場合は、単に習慣に従うというような単純な決定ルールがあればそれでまにあう。変化を迫られるのは、特定の選択に満足がいかなくなったとき、あるいは本当に新しいものが必要なときである。

自分でこれが一番おいしいヨーグルトだと思っているのであれば、よそのマーケットでもっとおいしいヨーグルトが売られていてもいつもと同じヨーグルトを買えばよいのである。また、ほかに格段に安い商品を提供している会社がないのであれば、電話会社や保険会社、あるいは銀行を無理やり替える必要もない。もちろん、理想的な売買の選択を一番の趣味にしている熱狂的な「お買い得品ハンター」は別となろう。だが、残りの人々にとってはセコセコした節約は時間の無駄である。そのような「理想化」は、ストレスや不満を増強するだけである。

また、心の会計に欠陥があることから、大切でない決定と大切な決定を区別することが困難になることも多い。そして、これが相反した行動につながる。近所で一番安い店で野菜を買うためにいつも多くの時間を費やしている女性が、同時に何年間も不幸な夫婦関係に耐えている。これは、理想的な行動とはかけ離れているのではないだろうか。

このことはまた、本当は寂しくて一番欲しいのが恋人であるにもかかわらず、余暇のほとんどを預金のことだけを考えて過ごし、投資に関する理想的な決定を下そうと毎日何百という株式やファンドなどの証券とにらめっこしている男性にも当てはまる。このようなケースでは、どうでもよいことに異常なほど多くの時間が割かれており、幸福のために本当に大切な決定を行おうとしているとは言い難い。

大切な決定とそうでない決定を区別することは常に一つのチャレンジである。私たちは、何事においても釣り合いが取れるように、心の会計をある程度コントロールするように努めるべきである。決定を下したあとに出る影響がお金で測れない場合はとくにそうだ。そのため、どんな要素、あるいはどんな行動が私たちの幸福に大きな影響を及ぼすかということを常に考える必要がある。

このような要素は誰でも同じというわけではないので一般的なルールをつくることはできないが、経験学的な調査で明らかになっていることがいくつかある。活気にあふれた社会生活はとくに幸福にプラスに働き、長い通勤はマイナスに働くため、居住地を決める場合には、将来の自らの「時間の予算」に与える影響についても考えるべきである。

引っ越したあとに余暇のほとんどが通勤に消え、そのために家族とともに過ごす時間が減ったり、友人と会う機会がなくなったりするのであれば、どんなに素晴らしい一軒家であってもおそらくまちがった選択と言える。本当に喜びを味わえる時間がなくなってしまえば、その一軒家も私たちを幸せにすることはない。

「十分良い」で満足しろ！

自らの幸せな暮らしに本当に関係のある決定を下さなければならないとしよう。その場合にも、私たちはやはりオプション過多に悩まされることが多く、しかるべき時間内に最適な選択をすることはほとんど不可能である。このことは、多くの人にとって人生のハイライトの一つである決断、つまり正しい夫または妻を選択するときに顕著になる。

論理的には、パートナーは世界中に数かぎりなく存在する。だが、世界各国を旅してすべてのパートナーを鑑定することはできない。そんなことをしていたら、数か国をチェックして回っただけでもう髪の毛が真っ白になるほど年老いてしまうだろう。ある程度意義のある選択をするためには、オプションの数を最初から思い切って減らすつもりで挑まなければならない。

数を減らす方法はいくつかある。昔は、若者が生涯の伴侶を自分で選べないことも珍しくなかった。婚姻は親や親類がお膳立てをしていたが、たいていの場合は経済的な要素が決定的な役割を果たしており、花嫁や花婿の意志は二の次だった。娘一人と数頭のラクダを交換するとなれば、まずは両家の利益が第一となる。このような場合、夫の選択はそれほど難しくない。要求された数のラクダを一番早く調達した男がその娘を手に入れることができるのだ。このような伴侶の選択には、愛情や共通の利益といった流動的な要素がまだ絡んでおらず、事はそれほど複雑ではなかった。

しかし、結婚適齢期の若者が自分でパートナーを探せるような社会になっても、その選択は地理的にはやはり狭い範囲にかぎられていた。そして、誰もがだいたい同じ年齢で結婚したため（女の子はたいてい非常に早い）あとに残されるオプションは決して多くなかった。また、大地主の娘が下男の息子と結婚することなどあり得なかったし、宗教や民族の違いによる制限もあり、根本的にパートナーとなる可能性があっても、その人が結婚を望むすべての人と結ばれるわけではなかったためにその数はさらに少なかった。

昔の社会では、幻影オプションはすぐにそれと分かった。自然の摂理として、希少な美しい娘はたいてい富や魅力のある男性のところへ嫁いでいった。そして、残りの男性群はもう少し控えめな娘で満足しなくてはならなかった。しかし、これはどうしても避けられないこと、あるいは神の思し召しだと考えられていたために我慢することができた。

ジャッカルは、ライオンのようなすぐれた狩人が獲物のあまりおいしくない部分しか残してくれないといってその運命を恨むようなことはない。フラストレーションが生じるのは、ジャッカルが自分もライオンに生まれていたかもしれないのに、運命のいたずらで無慈悲な扱いを受けるはめになったと思うときである。以前の伝統的な社会では、ジャッカルはあくまでジャッカルであり、ライオンの毛皮をまとっているわけではないことを知っていた。

現在では、パートナー探しもグローバル化し、出身、年齢、宗教、あるいは民族による制限は少なくなるばかりである。しかしその分だけ、本当のオプションと幻影オプションを見分けることがずっと困難になってしまった。もちろん、ある程度理性的に考えることのできる四五歳の独身男性は、よほど有名か金持ちでないかぎり、二〇歳のモデルの女の子と仲良くなれるチャンスがないことをよく知っている。

有名でも金持ちでもない人は、このような幻影オプションをまったく度外視したほうがよい。とはいえ、このグローバル化のおかげで、モデルになれそうな二〇歳の女の子と途上国で仲良くなる可能性は大いにある。つまり、貧しくとも美しいラテンアメリカやアフリカ、旧ソ連諸国、あるいはアジアの女性となれば幻影オプションではなくなるのである。

それにしても、最高に美しい女性というのはそもそも未来の伴侶として「最高の選択」と言えるのだろうか。最高の女性や男性というのは、美しいことよりも、思いやり、想像力、理解、寛容、誠実、子どもに対する愛情、あるいは富において最高である人のことではないだろうか。もちろん、一番望ましいのはこれらの特性をすべて備えている人である。しかし、通常は満足するにもある程度の妥協が必要である。すべての要求を満たす人を見つけることなどほぼ不可能に近い。もっとも裕福な男性が最高に思いやりのある人物とはかぎらない。

今日、もはやどうしようもないほどにまで膨れ上がった選択肢の数と「最高の選択」の定義の困難さを考えると、私たちにはもはや「十分良い」ものを選択することしか残されていないのではないだろうか。「最高の選択」はもう実現不可能なのである。分かりやすい例として、すでに「十分良い」選択が現実に行われている伴侶の選択を挙げてみよう。私たちは、多少なりとも偶然に未来の伴侶となりうる数人に（現実であれ、ヴァーチャルであれ）出会い、互いに気に入れば相思相愛に陥る。そうなれば、この選択は婚姻を結ぶに「十分良い」ものなのである。

　パートナーの選択では納得していることなのに、ほかのことを決定するとなるとこのことがほとんど忘れ去られている。私たちは、絶えず「ベストを尽くせ」だの「二

「エリートパートナー」の広告。エリートに的を絞った出会いの場

番手で満足するな」と言われつづけてきた。しかし、多くの決定においてこれは空言でしかない。実際には何がベストなのか分からないし、たとえそれが分かったとしてもすべての可能性を一つ一つ検証していくだけの時間などはない。というわけで、「十分良い」オプションは「ベスト」のオプションよりもずっと手に入れやすいのだ。

　新車の購入、ＭＢＡ[1]の取得、あるいは新しい住まいなど、せっかく何かを選んでもそれより良いものは必ず存在し、事実上、私たちはベストの選択を常に逃している。しかし、果たして本当にベストの決定を下したのかどうかとあれこれ考えすぎないかぎり、それが自分の幸せに影響を与えることはない。

　とはいえ、「十分良い」ということが何であるのかを知ることはそれほど簡単なことではない。以前行った決定に今でもまだ満足しているのであれば、それは明らかに十分良い決定だったと言える。幸せな結婚生活であれば離婚はしない。それは単に、よりぴったりのパートナーに出会っていないだけである。

　しかし広告は、今もっている車や携帯電話やノートパソコン、あるいは服を、より新しい、より今風の、より良い製品と交換するように私たちをそそのかしている。ある製品が発売されたかされないかのうちに、メーカーはさらに新しい、さらに今風の、さらに良い製品を売り出して前の製品の価値を下げ、古いバージョンしかもっていない消費者の不満を呼び起こしている。

「十分良い」もので満足しようとする姿勢は、より高いステータスを追い求める努力とたびたび対立する。そして人は、ステータスに敏感になればなるほど「十分良い」だけでは満足できなくなる。なぜなら、誰もが望む本当の、あるいは実は偽物のステータスをもちうるのは「ベスト」だと思われているものだけだからだ。ステータスを意識している人々は常に新しいステータス・シンボルを選び取らなければならないため、ステータス・トレッドミルだけでなくマルチオプション・トレッドミルの上でも走りつづけることになる。

あるオプションが十分良いものであるかどうかを見極めるためには、複数の基準が必要となる。それらの基準は、選んだオプションが影響を及ぼすであろう将来の状況を想像してみるともっとも楽に見つけることができる。ただし、すでにご存知の通り、人間はこのような決定が自分の将来の幸福感に与える影響をなかなかうまく予想できない。いわゆる「インパクト・バイアス」によって、予想している将来の幸福感は、そのときになって実際に感じる幸福感と大幅にずれてしまうのだ。

たとえば、恋に落ちた瞬間に結婚を決めた人は、日常的な夫婦生活や五年後の生活につい

（1）Master of Business Administration の略称。経営学修士。

てはまともに考えようとしないだろう。幸福に酔いしれているときは、夫婦の素晴らしい面ばかりを過大評価しやすいが、次のような状況も是非考えてみたいものである。

数か月経ったあとの、雨が降りしきる一一月の晩はどんなものだろうか。食事やセックスやテレビのほかに、日常に楽しみをもたらしてくれる共通の活動はあるのか。将来の伴侶は、自分が落ち込んでいるときに勇気づけてくれるだろうか。あるいはまた、病気になったら看護してくれるだろうか。はたまた、本当に支えとなってくれる人なのだろうか。

これらは、すべて大切な問題である。そして、「ノー」という答えが一つでもあれば、どんなに夢中になっていてもその伴侶候補生は「十分良い」わけではない。

また、モノを買うときにも決定的となる基準についてよく考えなければならない。新しい携帯電話を買おうと思っているのであれば、なぜそれが必要なのかという理由がはっきりしていなければならない。この先、本当に携帯電話を電話やメール以外でも活用するのだろうか。もしそうでなければ、新しい携帯電話は必要なく、それよりもっと大切な事柄について考えるべきである。なぜなら、古い携帯電話はまだ「十分良い」ということなのだから。

しかし、ここでもインパクト・バイアスによって人は意思決定の際にこのような機能をたいてい過大評価してしまう。これはほかの多くのハイテク機器にも言えることであり、それらは多くの家庭で一度も使われずに家電ゴミと化している。

また、一軒家の多くもコンクリートに固められたインパクト・バイアスの証人である。人々は、太陽の日差しを浴びながら家族とともに午後のひとときを過ごせる素敵な庭を夢見た。わざわざ造ったフィットネスルームで、毎日贅肉を落とす闘いに挑む様子を思い描いた。そしてまた、夕方にはどこの家にも負けない素晴らしく気持ちのよいワイヤープールに浸ることを想像した。

しかし、一〇年後の状況はたいていそれとはまったくかけ離れたものとなっている。現実のものとなった一軒家に今も残っている家族は、庭にもフィットネスルームにもワイヤープールにも喜びを感じることなく過ごしている。子どもたちはほとんど家におらず、庭は喜びよりも面倒をもたらすことになる。手入れをする時間は誰にもなく、雇った庭師とはもめ事が絶えないのだ。

とっくに体のコンディションを整えるという崇高な目標はあまりうれしくない現実に取って代わられ、肥満した体にとっては、テレビを前にしてソファに座っているほうがずっと快適なものになってしまった。こうして、当時新しく造ったフィットネスルームは人知れず錆びつき、ワイヤープールも家族の代わりにカエルやイモリの棲家となってしまうのである。

これまで離婚を免れてきた夫婦のなかにも、マイホームが望み通りに建てられたにもかかわらず、時間が経つにつれて大きく素敵な一軒家のなかで孤独を感じるようになってしまった人がいる。だが、それも仕方のないことである。自分のインパクト・バイアスを顧慮していたら、これまでに下したいくつかの決定が「十分良い」にすらほど遠いことが分かるはずなのだが……。

それでは、具体的にどうすればよいのだろうか。重要な決定を下す前には、自分の周りをよく観察することである。あれやこれやの決定が、友人や隣人、あるいは同僚に何をもたらしたかをよく観察して欲しい。そうすれば、夢に見た和やかな関係とはずいぶんかけ離れた夫婦がたくさんいることに気づくはずである。そして、隣人や友人が自分のために何かを買ったとしても、そのほとんどをまったく使っていないことに気づくはずである。また、素晴らしい家に住んでいるのに少しも幸せになっていない知り合いがいることにも気づくだろう。だが、その逆もまた見えてくる。つまり、あれやこれやの決定で幸福や満足を見つけた人である。

このように見ていけば、だいたいどのような決定をすればもっと幸せになれるのかがより明確になる。そして、それとともにどのような決定が「十分良い」のかも分かってくるはずである。

「十分良い」決定とは、将来の幸福にどのような影響を与えるかということを考えたときにやはり重要と思える決定のみなのだ。

第16章

戦略その4――家庭生活にストレスを与える生活スタイルを避けよ

私たちの生活は、基本的に精神分裂的な状況にある。片方では柔軟と革新を要求され、生涯学習をつづけ、常に変化をし、新しいものを取り入れる準備ができていなくてはならない。しかし、他方ではまた、あたかも何も変わっていないかのように伝統的な理想の家族像が高く掲げられている。しかも、伝統的な夫婦像や家族像は、今日、もはやこれ以上は存続不可能ともいえる徴候がはっきりと現れているというのにだ。

これまでもてはやされてきた夫婦モデルはいまや衰退に転じたが(*1)、この現象は現在ごく当たり前となった共稼ぎ世帯にもたらされるストレスと同じくらい顕著である。その昔、一般的に理想とされていたのは、子どもの将来のために倦《う》まず撓《たゆ》まず力を合わせて自らを犠牲にする父親像や母親像だったが、このような崇高な理想は現実の家族像にどんどん押しのけられて、もはや風刺画のなかでしか見られなくなった。

家庭生活はいまやストレスの主な原因であり、そのなかでは時間節約トレッドミルが日常を支配している。アメリカの社会学者であるアーリー・ラッセル・ホックシールドは、このことをアメリカ中西部に実存する「アメルコ（Amerco）」という会社に勤める社員の家族の日常において見事に描写した。(＊2) 毎日起こるホラーのような一コマ一コマ、ここで度肝を抜かれてしまったら、その人はおそらくもう絶対に家庭などもちたくないと思うにちがいない。

とくにアメリカでは、大切に守られている伝統的な家族像と、その傍らで同時進行している進歩や柔軟性を促す宣伝活動との矛盾がはっきりと現れている。伝統的な家族のもつ価値はアメリカンドリームの確固たる一要素であると見え、ハリウッド映画にも何千回となく繰り返し現れている。

しかし、そこで見る家族生活とはいったいどんなものだろう。親は、子どもに対してしつこいくらい何度も「愛している」と言うが、それはそれ以外にほとんど言うことがないからだ。そして、映画に出てくるよくできた両親は、必ず子どもたちのサッカーや野球の試合、あるいはまた学校の催し物に出席するよう腐心するのも特徴の一つである。

よい父親はまた、事あるごとに子どもたちと野球をする。なるほど、それ以外の方法においてアメリカの父親はどうやって子どもに対する愛情を示せるというのか。それに対して愛情豊かな母親は、子どもを一つの習い事から次の習い事へ連れていくために一日の大半を車のなかで過ごしている。

このような、現実離れした「ハリウッド・バージョン」のアメリカ人家族を模範としている人がたくさんいる。その一例がクレイマー・バーコウィッツ社[(1)]の元ヘッジフォン・マネージャーのジェームス・クレイマーだ。自著のなかで彼は、出世はしたものの慢性的に働きすぎだったファンドマネージャーの仕事を辞めてトレッドミルから逃れた経緯を説明している。

　これはたしかに大変なことであり、感嘆に値する行動である。しかし、この本の終わりのほうになると、彼は新しい人生における成功の物差しを愛情深い夫とよく気がつく父親としており、懐疑の念がいくらか頭をもたげてくる[(*3)]。

「私は、学校の催し物も、授業参観日も、懇談会の夕べも、サッカーの試合も、どれ一つとして逃しはしなかった」

　彼はそのうえ、地元サッカーチームのトレーナーにまでなった。これはもう、しっかり「ハリウッド・バージョン」家族である。

　クレイマーは例外ではなく、アーリー・ラッセル・ホックシールドの著書のなかにも似たような例を見つけることができる。たとえば、ビル・デントンというアメルコ社のトップマ

---

(1)　(Cramer Berkowitz)一九八七年にジェームス・クレイマーが「クレイマー&Co.」として設立したヘッジファンド運用会社。

ネージャーは、四人の子どもをもちながら週六〇時間も働いている[*4]。しかし、それでも彼は父親の役割をきちんと果たしていると自負している。なぜなら、彼はスケジュールを調整して、午後四時というまだ早い時間にはじまる子どもたちの学校の催し物やスポーツの大会に何度も出席しているのだ。何ともはや、素晴らしいことではないか。

一方ではまた、映画スターも自らハリウッド式の幸せな家庭生活をＰＲしている。互いに相手をとっかえひっかえして結婚をし、数年後に離婚したかと思うとまたすぐに新しい相手をつくっている。それでいて、たいていは子どもの一人や二人をつくる時間も十分にある。トム・クルーズ[2]とミミ・ロジャーズ[3]、トム・クルーズとニコール・キッドマン[4]、トム・クルーズとペネロペ・クルス[5]、トム・クルーズとケイト・ホームズ[6]、トム・クルーズと……（つづきは必ず出てくるはずである）。

これらのスターが生活をともにしている間、キャリアを積み、愛情あふれる親であり、それでいながらいつもまばゆいほどのルックスをしているという三重の難問を彼らがいかに難なくこなしているかということをマスコミから強引に見せつけられることがなければ、それもまあ許せよう。彼らは、ベビーシッターやコック、メイド、ボディガード、美容師、精神科医、庭師などの一群の支えがあるからこそ、それぞれの家庭生活「ア・ラ・カルト」を世間に見せつけることができるのだ。だが、そのことが伝えられることはほとんどない。

子どもと一〇分だけ遊んで、そのあとにベビーシッターの手に子どもを戻すことはとくに難しいことではない。子育てのなかのもっと大変な分野を引き受けなければならないのは彼女たちなのに、彼らのようなスターはわが子を大きな幸運だと言ってはばからない。

このような見せかけだけの演出を信じている人々もたくさんいるようで、彼らスターは幸福な家族の模範となっている。そして、ごく普通の父親や母親は、ベビーシッターなどの支えとなってくれる人がいなくてもスターを見習うことができると思い込んでしまっている。しかしそれは、たいていの場合誤った推察でしかない。

（2）（Tom Cruise, 1962〜）アメリカの俳優、映画プロデューサー。一九八一年に映画デビューし、一九八六年に主演した『トップガン』が大ヒットしてスターになった。

（3）（Mimi Rogers, 1956〜）アメリカの女優。一九八六年に映画デビューした。代表作に『誰かに見られている』（一九八七年）がある。

（4）（Nicole Kidman, 1967〜）オーストラリアとアメリカの国籍をもつ女優。一五歳からオーストラリアのマスコミで活動し、トム・クルーズに見いだされてハリウッド入りした。主演作『ムーラン・ルージュ』など。

（5）（Penelope Cruz, 1974〜）スペインの女優。一五歳で芸能界入りをし、一九九一年に映画デビュー。代表作は『ボルベール〈帰郷〉』、『それでも恋するバルセロナ』など。

（6）（Kate Holmes, 1978〜）アメリカの女優。二〇〇六年にケイティからケイトに改名。一九九七年に映画デビュー。『バットマン　ビギンズ』、『ホワイト・プリンセス』などの映画に出演。

トレッドミルから逃れたいのであれば、このようなまちがった家族の理想像は捨て去るべきである。現実の人生で営まれている家庭生活は、映画のなかや映画スターの家庭のように簡単なものではない。しかしその一方で、アメリカの大勢の人々が営んでいる生活スタイルには、それこそ多くの人々が伝統的な家族モデルに固執している理由がよく現れている。

人々はしょっちゅう職場を変え、ある町から別の町へと引っ越しをする。理想的なケースでは、出世の階段も高く上っていわゆる成功多き人物に属するようになる。彼らが住んでいる郊外は、どこもほとんど同じように見える。家と家の間隔は隣人とのいかなる接触も見事に回避できるほど大きいため、ここでは社会的な隔離が普通となる。毎朝、玄関の前にずらりと並んだ車の一つに乗り込み、職場へ向かったり、子どもを学校へ送っていったりする。そしてまた、買い物のために最寄りのショッピングセンターへと走る。

このような環境にいては、理想の家族像を抱きつづけるのもほぼ無理のないことである。そうでもしないかぎり、彼らの多くにとって、他人との付き合いは職場を除けばほとんど皆無になってしまうからだ。

家族は感情を逃避させられる最後の場であり、この場がなければアメリカン・ドリームを夢見つづけることは難しくなるだろう。そして、このようなアメリカの生活スタイルが人間の幸せに与えうる悪影響について考慮されることはなく、多くの西側諸国でそれはそのままコピーされつつある。

さらに、今日の社会が取り憑かれているまちがった家族の理想像はこの「ハリウッドバージョン」以外にもある。二つ目として、「中性的な共稼ぎ世帯」という概念が挙げられる。これはヨーロッパに見られるものなのでおそらくもう少し知的だと思われるが、これにもやはり問題がある。この理想像は女性解放運動に端を発したもので、(＊5)子育てという仕事と責任を男女が協調して分担するという考え方が基礎となっている。いずれ父親と母親の違いは少しずつ消滅し、「二人の親」が存在するだけとなるだろう。

だが、両者ともに仕事をもっていると、このモデルは国家の援助がなければ成り立たない。ゆえに、親として過ごす時間に対する支払いは性の同権を謳うときには絶対に欠かせないものであり、すべての家庭にとって支払い可能でかつ満足のいく子どもの養育が可能とならなければならない。(＊6)つまり、「中性的な共稼ぎ世帯」というコンセプトは、二人の親を抱き込むのみでなく、子育ての大部分を保育園や幼稚園に引き受けてもらわなくてはならないのである。そして、その割合が大きくなればなるほどこのモデルの機能は上昇する。なぜなら、育児にかかわる役割は、分けるものが少なくなればなるほど分担が簡単になるからである。

しかし、このコンセプトが大ヒットすることはなかった。それは、ごくシンプルな理由による。このコンセプトは楽しくないのだ。男どもは確信がもてないときには独身を通し、山のような家事や育児に追われるよりは、ときおり情事を楽しむほうを選ぶ。このように考えてみれば、子どもの保育施設が増えつづけ、両親に育児休暇を与える国が増えているにもかかわらず、今でも女性が子育てや家事の主な責任を負っているのは当然のことと言えよう。

自由主義国家では、誰も、そう男性たちも自分の気に入らない生活スタイルを強いられることはない。それについてイリス・ラディシュ(7)は、週刊新聞の〈ディ・ツァイト（Die Zeit）〉に以下のように書いている。(＊7)

「事情は数世紀前から変わっていない。親という存在は女性的なのだ」

ここでは、イデオロギーの変化も役に立たない。それより、人生におけるある事実を再認識することが大切である。つまり、一般的に女性は、男性よりも子どもを授かりたいという望みを強くもっているということである。(＊8) 男性陣は好むと好まざるとにかかわらず、恋人や妻から父親という身分に誘《いざな》われることも稀ではない。しかし、このような状況であれば女性が子育ての大部分を引き受けることが理想となる。そうでなければ、まもなく家庭というものは存在しなくなるだろう。

家庭にまつわる誤った神話や理想像に惑わされているかぎり、ストレスや不満は家庭生活の確固たる一要素でありつづけるだろう。冷静な目で見たとき、現在の状況においてストレスから逃れる方法は以下の三つである。

「結婚や家庭生活を断念」――子づくりを途上国へ「アウトソーシング」

この方法はもっとも過激だが、実際には増えつつある。ますます多くの男性が、そして女性も一生独身で通すようになっている。これは、夫婦や子どもの機会費用が増加していることに対するまったく合理的な反応（そう、人間はときには合理的な行動をすることもある）なので、誰を責めることもできない。子どものいないシングルでいればストレスのない生活を送ることができるのに、どうして結婚をし、家族をもって自分の人生を錯綜させなくてはならないのか。独身でいれば、家庭生活につきものの時間的、空間的な制限も少ない。

また、一人に決めないで数年間にわたって多くのパートナーとの関係を楽しむ男性や女性（男性よりも少ないが）もいる。道徳的な理由からこのことを非難もできようが、第3部の初めで述べたように、本書では教戒を垂れないようにしたい。片方でグローバル化をもちあげて世界中からさまざまなエキゾチックなフルーツを輸入しておきながら、もう片方でエキゾチックなパートナーを集めた人生のポートフォリオをつくる男女を咎めることはできない。

（7）（Iris Radisch, 1959～）ドイツの文学記者。一九九〇年より〈ディ・ツァイト〉に寄稿している。

グローバル化は、人生のあらゆる分野に起こっているのである。

子どものいないシングルとして生きる決断をすれば、それは暗に子どもづくりを途上国に「アウトソーシング」することを意味する。途上国では女性が子どもかキャリアかの選択を行う余地がほとんどないため、子どもの機会費用が少ない。つまり、これらの国では母親が出世をあきらめなければならないということがなく、子育てに費やされる時間に機会費用という負担がかかることもないため「子どもづくりに比較的有利」なのである。

これまでの歴史を振り返ってみると、このような子づくりの「アウトソーシング」はとくに目新しいことではない。すでに二〇〇〇年前、皇帝アウグストゥス(8)は、ローマ人の生活水準が上がったために出生率が下がったと不満を訴えている。

このような「アウトソーシング」をつづけていれば、もちろんそのうち人口問題に突き当たることになる。というのも、工業国には子どもが少なすぎるからで、日本やヨーロッパの多くの国においてはこの問題がすでに表面化している。よって、古い世代の年金を賄うことは困難になる一方だ。

ところが、世界的なレベルではこのような問題はまったく存在しない。途上国では人口が増加しつづけており、子どもは少なすぎるのではなく多すぎるのだ。そのため、豊かな国々は遅かれ早かれ国境を開放して、途上国の若者がもっとたくさん住んで働けるようにすべきである。その際、どのような方法をとるかということは、将来の政治が取り組むべき大きな問題の一つとなる。

「自宅での養育を断念」——子育てを国公私立施設へ「アウトソーシング」

家庭生活や子どもの機会費用が実質的に増加しても、幸いなことに独身生活ではなく家庭生活を選ぶ人々がまだまだ存在する。しかし一般的に、これらの男女は仕事をつづけてキャリアを積みたいとも思っている。この二つをうまく調和させてくれそうな単純な解決策がある。それは、子どもの保育施設である。しかし、この解決策を利用すると永続的なストレスを招くことが多い。その好例が、アメリカで共働きをしている女性の一人であるスーの日常だ(＊9)。

「スーは三四歳の保険会社員で、三歳になるアレックスの母親だ。彼女と夫のジョンはフルタイムで仕事をしている。平日、スーは六時一五分に起床し、自分とアレックスの身支度をする。七時半に家を出て、アレックスを車で保育所へ連れていき、それから職場へ向かう。

(8) (Augustus, BC63～BC14) ローマ帝国の初代皇帝。オクタウィアヌスに対する尊称。カサエルの養子で、ローマの黄金時代を現出した。

朝の八時半から夕方四時半まで保険会社で仕事をし、職場での一日が終わるとまた車で家に戻る。途中、五時二〇分にアレックスを拾って六時前には家に着く。夕食をつくり、それを食べ、七時から八時までアレックスと遊ぶ。八時にアレックスを寝かせる準備をし、ベッドでお話を聞かせる。九時、部屋を簡単に片付けてようやくゆっくりできるのは九時半になってからだ。そして、一一時には自分もベッドに入る」

翌日も、朝からまた同じことの繰り返しである。人は、このようなスーの一日をうらやましく思うだろうか。スーの一日は私たちが夢見る幸せな家庭生活だろうか。うなずく人はほとんどいないだろう。スーにとってもこのような日常は決して楽しいものではないし、常に時間に追われていると感じている。

共働き世帯の生活は、保育施設があってもストレスの多いものなのだ。保育施設は女性に仕事と子育てを両立させてくれるが、その代わりに必ず毎日のストレスが積み重なることになる。何しろ、子どもたちは決まった時間に送り迎えをしなくてはならず、そのためには毎日の計画を綿密に立てることが要求されるのだ。

一方の子どもたちはというと、不思議なほど定期的にこのような綿密な計画をご破算にしてくれる。のみならず、家に帰ったら帰ったで、一日中離れていた分だけ余計に親の注意を引こうとする。このような具合なので、女性は家にいる時間よりも外で仕事をしているときのほうが楽だと感じている。こうしてアーリー・ラッセル・ホックシールドが形容したように、「家は仕事になり、仕事が家になる」(*10)のである。

保育施設の存在も、送り迎えの時間が決められているかぎり共働き世帯の生活にゆとりをもたらすことはない。このような家族モデルがきちんと機能するのは、子どもを自宅で世話してくれるベビーシッターや保育ママ、あるいは実の祖母などがいるときのみである。これはほとんどの家庭にとって理想的な解決策であるが、単に人を雇う余裕がないという理由で、この問題を解決することができない家庭が多い。

共働き世帯につきもののストレスを軽減することができるのは、時間的な融通がきく保育サービスだけである。職場で出世し、よく気のつく母親役を務め、なおかつゆとりのある生活を送るなど現実的には無理な話なのだ。共働き世帯から見て唯一本当に実現可能なのは、サウジアラビアや香港でかなり前から普通になっているように、途上国からもっと多くのベビーシッターを雇い入れることである。そうしなければ、このような高すぎる野望を抱いた家族モデルとは決別せざるを得ないだろう。

「職の断念」——伝統的な家族モデルへの回帰

もう一つの可能性は、男性だけが仕事をつづけ、女性は子どもが小さいうちは家にとどまるという伝統的な家族への回帰である。基本的に、このアイデアに対してはとくにこれと言ってけちをつけるところはない。ただ、多くの人が時代遅れ、いやそれどころか女性敵視だと思っているだけである。

しかし、この生活スタイルによってより高い生活水準がもたらされる女性がいるのであれば、これは重要な代替案として考量されるべきものである。そして実際、まさしく中上流層で再びこのような伝統的な家庭が好まれるようになっている。一方、低収入グループは、単に経済的な理由からほとんどの両親が仕事に従事しなければならない状態となっている。

二〇〇四年五月一〇日、アメリカの雑誌〈タイム・マガジン〉は、「在宅——出世競争から身を引くヤングママが増える理由」という見出しの巻頭記事を載せた。記事のなかで紹介された若い母親たちは、伝統的な家庭のほうが恒常的なストレスを抱えることもなく子どもを育てられるので良いと言う。その代わり、以前はかなり収入のよい職に就いていた人も家に入って主婦になる覚悟をした。

しかしながら、主婦の生活ではたいてい外の世界との接触が制限されてしまうだけでなく、幼い子どもをもつ母親同士の気のおけない付き合いもその辺に転がっているわけではない。

多くの女性にとって（もちろん男性にとっても）、職場の同僚は社会的なネットワークの重要な構成要素である。その仕事を辞めてしまうと、女性はそれまで幸福に大きく寄与していた社会生活の決定的な一部分を失うことになる。また、家で行っている家事をきちんと評価してもらえない女性も多い(*11)。職場ではときどき上司から褒められたり、ときには昇進したりもするが、自宅には賞賛も昇進のチャンスもない。

というわけで、外での仕事に魅力を感じ、自宅にいることにあまり魅力を感じない原因は、仕事そのものではなくその社会的な環境にあることが多い。今、人気の高い一軒家もまた、社会との接触を促進するライフスタイルとは決して言えないのだ。

女性が外に出て、たいてい好きでもない仕事をしたがるのは人に会うためだというと、多くの人は「何をばかなことを」と思うかもしれない。それなら、同じ理由で主婦になることを恐れるのもやはりばかげたことである。伝統的な家庭が解決すべき大きな問題は、主婦の存在をより魅力的にし、主婦に社会的な威信をもっと与えられる方法を見つけることである。そうすれば、このような生活スタイルも再び一つの代替案として成り立つようになるはずだ。もちろん、これまで述べてきた可能性（子どもをもつかもたないか）のどちらを選ぶかは各自の判断による。すべての人々に適する生活スタイルというのは、今日の個人化された社会にはもはや存在しないのだ。

第17章 戦略その５――空間と時間の柔軟な使い道を有効に活用しろ

情報技術（ＩＴ）は、仕事をする場所や時間を柔軟に適応させるための新しい可能性を数多く秘めている。しかし、これらは今日に至るまでまだあまり活用されていない。テレワーク（自宅で会社の仕事をする）もモバイルワーク（社外へ出て出先で仕事をする）もまだ浸透しきれず、通例と言うより依然として例外のままである。

ＥＵ諸国では、最低週一回はテレワークをしている就労者の割合が、一九九〇年代末にようやく推定一〇パーセントを少し上回った程度である(＊1)。自分の仕事を、オフィスの外や通常の勤務時間外に行える社員はわずかしかいなかった。しかし、多くの場合、これはそれほどやっかいなことではない。

多くの人は、これまでＩＴ革命とほとんど無縁のビジネスライフを送っている。月曜日から金曜日まで毎朝、相変わらずものすごい数の人間が満員の交通機関や渋滞の道路を使って都市部の人口集中地域へと移動している。そして、そこで八時間から九時間の間、特定の空間（たいていはオフィス）にとどまっている。それらの空間には絶えずじゃまが入り、集中することもリラックスもできないために仕事に適している環境ではないことが多いが、[*2] そんなことを気にする人は一般的に少ない。大切なのは物理的にそこに居合わせることで、効率的な仕事をすることではないのである。そして、勤務時間がすぎると、働く人々の大群は再び満員の交通機関や渋滞の道路を使って都市部にある人口集中地域から抜けだしていく。

このように組織された職場の日常は、工場での労働が主だった時代から受け継がれたものである。当時は、生産を行うために、労働者全員が実際同じ時間に工場にいなければならなかった。そのため、「規則的に出社せず、遅刻をしたり、不規則に仕事場を離れる労働者ほど企業にとって害になるものはない」という触れ込みでタイムレコーダーが導入されたりもした。[*3]

企業の執行部の主な目的は、勤務時間を固定して労働者をその企業の規律に服させることだった。しかし、今日、それに伴って発生する毎日の国民大移動はもはやばかげた時代錯誤と言える。どうして全員が同じ時間に特定の建物のなかにいなければならないのか、どうもよく分からない。建物のなかでは、それぞれが自分のコンピュータに向かって一日の大半を過ごしているだけなのに。

どうやら私たちは、一か所に集まって平行して進行する日常という、この古めかしい職場モデルをもう手放せなくなってしまったようである。工場生産において欠かせなかった時間的、空間的な強制に今なお服従し、それによってビジネスライフをわざわざ負担の多いものにしているのである。

　会社員に対して行ったあるアンケート調査によると、ヨーロッパでは全体の三分の二がテレワークに適していると思われる仕事を少なくとも週に一日行っており(＊4)、全体の約七割がテレワークに関心をもっている(＊5)。しかし、実際にテレワークを行っている人の数はまだわずかである。

　すでにテレワークを行っている人の特徴としては男性が多く（七五パーセント）、年齢層は三〇歳から四九歳まで、主にＩＴ業界か不動産業界、あるいは企業コンサルティング業界に勤めている(＊6)。つまり、以前考えられていたように、テレワークはとくに幼い子どもをもつ母親のためというわけではないのである。

　テレワーカーの大半は独身男性であり、彼らの生活スタイルは非常にフレキシブルである。このような生活スタイルにはテレワークがぴったりマッチする。というわけで、テレワークのパイオニアがシングルであることは別段驚くことではない。

　女性の数も徐々に増えており、シングルの数が増えればその分だけテレワークの需要も増えることだろう。だが、ＩＴが可能にした組織の進歩は技術の進歩とは異なり、ほとんど実現されていない。職場や自宅にコンピュータを導入するのは容易だが、このような技術革命に勤務体系を適応させることがいかに難しいかということが今明らかになってきた。

その主な理由は、現在の労働体系にある。社員に対する給与は職場で行った仕事に対してではなく、職場で過ごした時間に対して支払われている。すべての社員がこのような時間を基本とした考え方に慣れきってしまったため、一般的に見て同僚からひんしゅくを買いやすいのは、仕事はあまりできないが時間には正確だという社員より遅刻を繰り返す社員のほうなのである。これはまた、遅刻魔がいつも時間通りに出社する人よりも明らかに仕事ができたとしても同じである。

時間を基本とした伝統的な勤務体系には、一見するといくつも長所がありそうである。勤務時間を計ることができるし、管理も簡単だ。しかし、社員が自分に課された任務を本当に果たしたかどうかということになると把握するのは難しい。業績を中心とした勤務体系の導入を躊躇している上司が多いのはそのためである。

たしかに、販売員や美容師といった職種では、これからも職場にいる時間に対して給与を支払っていくことに意味がある。だが、これらの職は昔も今も就労者全体のわずかでしかない。今日、大多数の人がコンピュータに向かって仕事をしており、出社していることと仕事の実績はもうほとんど無関係になっている。

このような時間に基づく勤務体系は、会社にいる時間と仕事の実績が実際に密接に関連していた産業化の時代にできあがったものである。労働者は、自分が工場にいて機械が動いていれば必ず仕事をしなければならなかった。ちょうど、チャーリー・チャップリン(1)の『モダン・タイムス』のように。

このような場合は、労働に対する支払いを工場で過ごした時間で計算することにも意義がある。しかし、コンピュータを使った仕事となると話は別だ。コンピュータの前で過ごす勤務時間の大半を、私用メールやネットサーフィンに費やしている社員がたくさんいることもすでに分かっている。

たとえ上司と社員が同じ空間で仕事をしていても、上司がこれからも社員の活動をずっと管理しつづけるなどまったくの絵空事なのである。ところが、自分の部下の仕事ぶりを背中越しに観察したがる上司はまだまだたくさんおり、ほかのやり方で部下を率いていくつもりのない人がほとんどだ。(＊7)彼らは部下を信用しておらず、情報の漏洩を恐れ、コミュニケーションのチャンスが減ることを心配し、余計な労力がかかることに不安を感じている。(＊8)

また、テレワークを導入することによって、実は重要なポストに就いているマネージャーの全員が必要な存在ではないという都合の悪い事実が発見される恐れもある。企業を「成功」に導くための彼らの主な役割は、何と言ってもほかの社員を苦しめることにあるのだから。

というわけで、マネージャーたちが考えうるすべての論拠をもちだしてテレワークの導入に反対するのも無理のない話である。だが、幸運なことにテレワークに秘められた可能性を認める進歩的なマネージャーもいる。ジェームス・フローラはその一人だ。彼は、一九九〇年代、アメルコ本社で働く社員一三〇人を一手にまとめていた。すでにその当時、彼は次のように述べている。(＊9)

「ビリー（社員の一人）は、週一日、自宅で仕事をしている。彼女からは定期的にメールが届く。つまり、彼女が同じフロアの別の所にいようが家に座っていようがまったく同じだし、そのうえ彼女は、車で二時間かかる通勤をしなくても済むのだ」

そしてまさに、この二時間の通勤時間をしなくてもよくなると生活の質が上がるのである。どうして家で仕事をするほうがよいのかという問いに対して、今では多くの社員が「通勤時間がかからないから」という答えを挙げるようになった。(＊10) 彼らは、通勤時間が短くなればストレスが大幅に軽減され、生活の質が改善されることに気がついたのである。テレワークをもっと増やしたいと希望するほかの理由としては、それによってもたらされ

（1）（Charlie Chaplin, 1889～1977）イギリスの映画俳優、監督。哀調をたたえた滑稽味をもつ独特のしぐさと扮装で、弱者、貧者の悲哀と現代西欧社会の不平等への怒りを表現。『独裁者』、『ライムライト』など。

る自由で柔軟性に富んだ一日のプラン、および自宅の静かでくつろいだ環境で仕事ができることが挙げられている。すでにテレワークを導入しているアメリカのある会社が行ったアンケートでは、テレワーカーの七〇パーセントが自分の仕事に以前よりも満足しており、「仕事の質が明らかに向上した」と答えた人も七五パーセントに上った。(*11)

テレワークにしてもモバイルワークにしても、多くの場合は生産能力の向上につながっており、社員の幸福にあまり関心のない雇用主にとっても悪くない選択であるはずだ。勤務の形を柔軟にすれば、固定費用（とくにオフィス代）を節約できるほか社員の業務能力を高めることもできる。たとえば、電話会社のベル・サウス社(2)は、テレワークの導入後、一三パーセントだった生産能力が三〇パーセント上昇したと報告している。このように優れた成果を上げた有名企業はほかにも多い。

総合的に見ると、情報技術は伝統的な勤務体系につきものの時間と空間の檻から逃れられるすぐれた方法を提供している。だが、その方法がとる新しいフレキシブルな勤務形態には、勤務プロセスの実質的な再編が不可欠となる。そしてまた、関係するマネージャーや社員にとってもこれは一つのチャレンジとなる。よくあるように、新しい柔軟性が入り込んでくることを恐れて社員が勤務組織の改革に懐疑的になるときはなおさらである。このことについて、再びアーリー・ラッセル・ホックシールドの言葉を引用しよう。(*12)

「時間の束縛から解放された囚人は、己の自由をどう使うのだろう。保障された時間をいったいどんな関係のためにとっておくのだろう。そして、どんなふうにこれに手をつけるのだろうか」

さらに、職場は多くの人々にとって同僚や顧客に会う場所でもあり、一人きりの自宅で、コンピュータに向かって仕事をすることに対する不安もある。そしてまた、勤務時間をフレキシブルにすると仕事が増えるのではないかという恐れもある。(＊13) これらの理由から、テレワークは「チャンス」としてではなく「脅威」として受け取られているのである。

このような懸念は真剣に受け取らねばならない。「これから、社員は自宅で仕事ができるようになる」と言われて何となく心もとなさを感じる雇い主がいたとしても、それはごく当たり前のことである。どこの玄関の向こうにも、愛情や幸福、リラックスだけが待ち受けているとはかぎらないのだ。テレワークがより幸福な人生に寄与できるのは、居心地のよい自宅がある場合のみである。そして、被雇用者が自分自身の管理をきちんとできないと、在宅

(2)（BellSouth）アメリカの電話会社。二〇〇六年、大手のAT&Tに買収され、二〇〇七年にはベル・サウスという名前も消えることとなった。

勤務では仕事が遅々として進まず、実際に余分な仕事をすることになる可能性もある。このように考えると、テレワークの導入が成功を収めるためには、丹念な計画とこの変化に向けて社員に入念な準備を施すことが欠かせない。

テレワークとは、毎日一人で自宅のコンピュータに向かって座っていることを意味するわけではない。社員を集めての定期的な話し合いは導入後も欠かせないと思われるため、オフィスはこの先も存在しつづけるはずである。多くの社員は、この先も週一日あるいは数日はオフィスに出向き、自宅でこなす仕事は一部にとどまるだろう。

テレワークは、社員のそれぞれの要求に適応できる数多くの柔軟な勤務構造を可能にしてくれる。だが、ＩＴの秘める可能性を活用したいのであれば、私たちはいずれにしても「仕事＝毎日特定の場所にいること」という古臭い考えと決別しなければならない。そうすれば、仕事は多くの人にとって特定の時間内に特定の任務を処理することを意味するようになり、いつどこでそれを行うかということは重要でなくなる。

テレワークを利用すれば、私たちは産業化時代に失われた時間や空間の主権をいくらか取り戻すことができるのではないだろうか。そしてこれは、私たち個人の幸福に大きく寄与する決定的な要因となる。

第18章

戦略その6――効率、革新、競争力、改革を称揚するな

経済取引の本来の目的は、人々を幸せにし、満足させてくれるモノを生産することであるはずだ。しかし、政治家、経済界を代表する人々、あるいは経済学者が経済について話す内容を聞いていると、個人の幸福はこれっぽちも考慮されていないようである。ここで取り上げられているのはまったく別のこと、つまり効率、革新、競争力、あるいは改革など安易に重要だと思われがちなものである。

今日、これらの目標は、いかなる状況においても当然追い求められなければならないものとされているようだ。これらの気高い目標は経済誌やマネジメント雑誌で称賛されており、これらに向かって一生懸命努力している理由を正当化する必要は皆無であろう。

優秀なビジネスマンとは、疑問を抱くことなく一生をかけてこの目標をかなえるものだと考えられている。ザンクトガレン（St.Gallen）大学のペーター・ウルリヒ(1)のように、「何の

（1）（Peter Ulrich, 1948～）スイスの経済学者。ザンクトガレン大学で経済倫理を教える。

ため、誰のための効率か」とあえて問う経済学者は稀にしかいない。(＊1)

もう一人、幸福研究者のミハイ・チクセントミハイもまた、自著『フロー体験とグッドビジネス――仕事と生きがい』［大森弘訳、世界思想社、二〇〇八年］のなかでこのような目標に対して「経済は効率や利益をもたらすと約束するが、それらが私たちの生活を意義や喜びで満たしてくれるのだろうか」と疑問を投げかけている。(＊2)

この問いはもっともである。なぜなら、効率を向上させるというような目標は、それが人間の幸福に寄与しないかぎり経済的には結局何の意味ももたないからである。だが、そう言うと、多くの場合次のような答えが返ってくる。

「より高い競争力をつけるためには、効率を向上させなければならないのだ」

それでは、なぜ競争力がなければならないのかと問い直すと、おそらく「マーケットシェアを増やすためだ」という答えが返ってくるだろう。そして、この答えでもまだ満足できず、高いマーケットシェアの意味を問うてみると、「これ以外に長期的な革新を可能にする方法はなく、そのためにはやはりより効率的でなくてはならない。そして、そうするためには云々……」といった堂々めぐりがつづくことになる。

つまり、お察しの通り、一つの目的はそれがないと別の目的が達成できないという理由で正当化されており、グルグル回って最後は堂々巡りとなる。革新や効率、競争力などの目的の追求に少しばかり非合理的なものが含まれているのは、これらのコンセプトが実は手段でしかなく、経済取引の目的ではないからである。

このような目標ばかりを過度に追いすぎると、今日蔓延している傾向にさらに拍車がかかることになる。(＊3) そこでは効率などの偉大な目的を自分自身のために褒め称えているわけだが、常により良い効率や革新を求めたところでそれによって人間が幸福になれないのなら、そんな苦労はばかばかしいだけである。

ところが、今では公共機関でも効率の向上が叫ばれ、常に改革や再編成やらが行われている。官庁といえば、以前は緩慢で融通の利かない組織だったが、現在はその逆である。不動状態にあった古い官僚機構に取って代わったのは、改革の遂行を主な目標に定める新しい官僚機構である。そして、この新しい官僚機構の存在を正当化できるのは改革の遂行にほかならない。

社長、校長、取締役、あるいは公共機関の管理職ポストに就任すると、誰しもまず改革によって自分の能力を証明しなければならない。ザンクトガレン大学の某元学長は、このことについて次のように指摘している。

「正当化しなければならないのは改革を行う理由ではなく、改革を行わない理由である」

大切なのは改革のための改革であり、ゆえにここでも堂々巡りになるのである。

以前の伝統的な社会に広く浸透していた「現状維持バイアス（Status quo bias）」は、いまや「変化バイアス（Change bias）」に押しのけられているが、このような傾向は常に効率を高め、常にさらなる革新を求め、常に新しい改革を求めるという目標となって具現化されている。このような傾向は幸福のトレッドミルの背後に隠れている駆動力の一つであり、そのために人々は幸福感や満足感を得られなくなっているのだ。一九三〇年、ケインズ[2]はすでにこの問題を次のように書き表した。[*4]

「私たちを苦めているのは高齢によるリウマチではなく、あまりにも早すぎる変化がもたらす痛みである。そして、その痛みは増すばかりだ」

この変化の速度は、一九三〇年以降恐ろしいほど上昇している。

オーストラリアの哲学者デビッド・ストーヴ[3]は、現在、人々が革新を称賛するのはいわゆる「コロンブスの論証」が誤信されているからだと言う。[*5] この論証によると、人間の生活にこれまでもたらされた改善はすべて革新によってのみ発生したものであり、革新によってのみ発生することが可能である。革新が根本的に良いことだとされるのはそのためだと言っている。

しかし、これは事を一般化した誤った推論である。なぜなら、私たちの生活を悪化させた革新も少なくともいくつかはあるからだ。ストーヴもその例を挙げているが、もしこれまでに悪化を招いた革新が改善に至った革新と同じくらいあったとしたら、革新を促進する代わりに阻止することも同様に理性的だと言えるのではないだろうか。

しかし、普通私たちが知っているのは、ジェームス・ワット[4]やトーマス・アルヴァ・エジソン[5]などの「良い」革新や元祖の話ばかりである。悪い革新や、それに関係のある人物の話はほとんど耳にすることがない。

たとえば、ゲオルク・エルンスト・シュタール[6]のことを知っている人がいるだろうか。彼

（2）（John Maynard Keynes,1883～1946）イギリスの経済学者。一九三六年出版の『雇傭・利子及び貨幣の一般理論』塩野谷九十九訳（東洋経済新報社、一九四九年）によって独創的な経済理論を形成した。
（3）（David Stove, 1927～1994）オーストラリアの哲学者。シドニー大学の准教授を務めた。
（4）（James Watt, 1736～1819）イギリスの技師、発明家。ボールトンと協力して蒸気機関の改良に成功したほか、往復機関、調速器、蒸気圧力指示計などを発明した。
（5）（Thomas Alva Edison, 1847～1931）アメリカの発明家、企業家。電信機、電話機、蓄音器、白熱電灯、無線電信、映写機、電気鉄道などの発明改良を行い、電気を普及させた。
（6）（Georg Ernst Stahl, 1659～1734）ドイツの化学者、医師。ハレ大学医学教授。プロイセンのフリードリヒ・ヴィルヘルム王一世の侍医を務めた。

は、一八世紀にフロギストン説(7)を打ち立てた人である。この説は一〇〇年以上にわたって正しいと認められていたが、のちに誤りであることが立証された。(*6)また、水素爆弾を発明したエドワード・テラー(8)も科学の英雄として崇拝されているわけではない。

一方、アメリカのペンシルベニア州に住むアーミッシュ(9)など、今も存続している伝統社会で尊重されているのは革新や変化ではなく、依然として現状維持である。ここでの生活は、常に同じタイムプランと儀式の繰り返しで成り立っている。アーミッシュの人々は常により速く、より大きく、より現代的に、あるいはより効率を高めようとはしない。中世ヨーロッパのキリスト教徒がそうであったように、彼らは改革に対して不信の念を抱いているのである。(*7)

彼らは非常に独特な生活様式を保っていることから、社会学者や心理学者、あるいは幸福研究者から煩《わずら》わされっぱなしである。これらの学者は、彼らの変わった生活が、アーミッシュの人々や社会にどのような影響を与えているのかということを知りたいのである。

このような研究からは、興味深い結果もいくつか得られている。たとえば、アーミッシュはほかの人々と比べると鬱に陥る頻度が非常に低い。彼らは幸せな生活を送っているとみえ、平均するとその度合いはアメリカの富裕層と同じくらいである。

というわけで、経済学的に見ると、アーミッシュの人々は大変効率のよい社会を築いていることになる。彼らは裕福なアメリカ人が所有する財貨のごく一部しかもっていないにもかかわらず同じくらい幸せであるばかりか、より大きな革新や効率を追い求めるストレスもないのだ。とはいえ私は、何もこれからみんながアーミッシュのような生活を送るべきだと提案したいわけではない。私自身、彼らの考え方には馴染めないし、そうなったらひげを生やさなければならないと考えただけで辞退を願い出たいところである。

しかし、それでもやはり、彼らからは大切なことを学び取ることができる。常にすべてを変え、改善していかなくても幸せでいられる可能性があるということだ。現在、それが効率的あるいは革新的ではなさそうだからというだけで、常に新しい方法を考えだしてこれまで守ってきた伝統を破壊することは無意味なことである。

私は、革新や効率、競争力の重要性を過小評価しているわけではまったくない。このこと

(7)　ドイツの化学者シュタールが発案した燃焼を説明するための仮想上の物質。燃焼とはこの物質が逃げだす現象であるとしたが、フランスの化学者アントワーヌ・ラヴォアジエによって否定された。

(8)　(Edward Teller, 1908~2003) ハンガリー生まれのユダヤ人核物理学者。一九三五年、アメリカに亡命。シカゴ大学教授。水爆開発計画やアラスカ人港湾計画に携わる。

(9)　キリスト教プロテスタントのメノー派の一派。スイスのアマンの創始。アメリカのペンシルヴァニア州を中心に地域社会集団を形成。電機や自動車などを用いず、質素な生活様式を保っている。

は明らかにしておきたい。革新的でなければ企業は長期にわたって利益を確保することができないし、効率よく生産しなければその企業は競争に負けて脱落してしまうだろう。しかし、これらのものを万能薬だと勘違いしないようにしなければならない。成功をもたらした伝統的な業務体系をまちがった革新で水泡に帰せしめ、企業を破壊させてしまうこともあるのだから。ちなみに、スイス航空（覚えておいでだろうか。スイス航空はかつては高く評価されていたスイスの国営航空会社だった）やエンロン[10]は、新しい「革新的な」マネジメント方法を導入して破産に追い込まれた。

大企業になればなるほど、マネージャーは社内のステータス競争で互いに相手を蹴落とそうとするため、なんとか効率を向上させようと苦心することになる。マネージャーに対する評価や報酬が効率を基準に設定されると、見かけほど利益をもたらすことのない人工的に演出された競争がよく発生する。この競争は膨大な時間とエネルギーを飲み込み、価値ある人的および社会的資本を破壊することになる。

むやみやたらな改革は害を及ぼすだけであり、それは公共施設においても同じことである。学校、大学、病院、あるいは軍も常に新しい発展に反応しなければならず、ときには改革を避けて通れないこともある。しかし、それを必要としないこともしばしばであり、そのような場合には改革をしても役に立つどころか害となる。とくに学校や大学は、「常時工事中」

に陥るむやみやたらな改革の犠牲となりやすいようである。

改革に際しては、改革のプロが特別な役割を果たしている。それは、現在好んで使われているマネジメント用語を見るだけで明らかである。「チェンジ・マネジメント」「イノベーション・マネジメント」「ターンアラウンド・マネジメント」「グロース・マネジメント」「効率マネジメント」そしてもちろん「競争力マネジメント」も忘れてはならない。これらのメソッドはすべて、無数のコンサルタントやエキスパート、コーチ、あるいはスーパーバイザーが推奨して導入している。それというのも、彼らは全員、何とか変えられるものはすべて変えることでお金を稼いでいるからである。

そして、それは機能しているように見える。最終的にはどれだけ多くの変化をもたらしたかということもマネージャーの評判にかかわってくるため、公私の機関を率いるマネージャーの多くはこれら改革のプロにすぐにでも委託をしたいところである。しかし、一方でその変化の良し悪しが問われることはない。

それに対して、「一貫性マネジメント」や「現状維持マネジメント」あるいは「伝統マネ

（10）アメリカのエネルギー関連およびＩＴ関連企業。全米有数の大企業だったが、二〇〇一年に巨額の不正経理によって破綻した。

ジメント」などという言葉をマネジメント用語のなかに見つけようとしても無駄である。コンサルタントは物事をそのままにしておくことではお金を稼ぐことができず、ゆえに現状を維持させる戦略を提案することはまずない。

コンサルタント事情は、最終的に医者をめぐる状況と似通っているのかもしれない。今日では、医者の数が増えると病人も増えることが分かっている。ある地域で医者の数が増えると「病気の」人間の割合も多くなり、その分診察代としての出費も増える。医者にかかる回数が増えるとさまざまな角度から行う健康チェックをそれまでより精密に行うことになり、その分「異常」も見つかりやすくなる。しかしそれは、そのとき精密検査をしていなければまったく見つからなかったはずなのだ。

コンサルタントにもこれとまったく同じことが当てはまる。一地域で元気に走り回るコンサルタントが増えれば増えるほど、「病気」だと自認する組織も多くなる。そして、その企業や組織を再び元気にするべく、新しいマネジメントセラピーによって多くのお金が費やされるのだ。

それでは、「効率狂」や盲目的な改革熱にはどう対処したらよいのだろうか。まずは、各公的機関や各企業が変化に関する明白な政策を打ちだすことである。革新や改革を提案するマネージャー、管理職、ディレクターは、計画している変化がなぜ有意義なのか、そしてそれは組織や企業、職員、顧客、学生、あるいは患者にどのような利益をもたらすのかという理由を提示すべきである。また、メリットとデメリットはどんな変化に対してもついて回るため、この両点を挙げることも忘れてはならない。

その変化が実際に改善につながるかどうか分からないときは何もせず、今、世間を支配している「変化偏向」を修正するべきである。改革によって提案者が何らかの利益を得るような場合には、とくに注意が必要である。また、怪しげな格付けのなかで順位を上げなくてはならないからという論理で行われる改革にも特別に警戒をしたほうがよい。たとえば、「ドイツの生徒はフィンランドの生徒よりもピサ調査[11]の成績が悪かったから学校改革を要求する」と言うのであれば、理由としては十分ではない。なぜなら、ピサ調査で行われる生徒の格付けは現実を歪めているからである。

また、別の問題として、今のトップマネージャーはほとんど短期の計画しか立てないことも挙げられる。彼らはシャツを着換えるかのごとく職場を転々とし、どこの企業でも効率を向上させるとか「競争力を強化する」とか言って正当化しながら変化のプロセスをスタート

（11）（PISA）経済協力開発機構（OECD）が行っている国際的な学習到達度調査。一五歳の生徒を対象に、主に読解力、数学的リテラシー、科学的リテラシーを三年ごとに調査する。

させている。しかし、このような変化による影響が表面化するころには彼らはもうすでに別の企業で働いており、多額のボーナスと「功績に見合った」報酬もとっくに受け取ったあとなのである。

このように見てみると、ボーナスは、導入された変化によって長期的な成果が見られたあとに支払うほうがずっと有意義である。そうすれば、マネージャーは新しいマネジメントメソッドや効率向上に向けた対策の実施に対してもっと慎重になるはずである。また、外部のコンサルタントを雇うときにはその報酬も改革費用に算入し、改革の有用性とつき合わせてよく吟味するべきである。

互いに相手を凌駕しようとする競争はすぐれた仕事には結びつかず、ほどほどの成果しかもたらさない。今からおよそ二〇〇年前の一八二五年、おそらくドイツ最大の知的権威であるゲーテ(12)は友人のツェルター(13)に次のように書き送った。

「(前略)列車、蒸気機関、より速い情報伝達(などの革新)は、今日、教養ある人々の目標となっている。それらの人々は互いに凌駕し合おうとし、それゆえに凡庸から抜けだせないでいる」

そして事実、作家および詩人であったゲーテは、タイプライターやコンピュータという書き作業の効率を恐ろしく高めた革新技術を知らなかったのにもかかわらず、今なお他の追随を許していない。今日行われている革新や効率や競争力に対する努力、あるいはまた盲目的な改革熱は、私たちがより幸せになることを阻んでいるだけでなく、私たちをゲーテの言う凡庸に引き止めてもいるのである。

（12）（Johann Wolfgang von Goethe, 1749～1832）ドイツの作家。青年期の抒情詩や書簡体小説『若きウェルテルの悩み』高橋義孝訳（新潮社、一九五一年）で疾風怒濤期の代表者となる。戯曲や小説多数あり。

（13）（Carl Friedrich Zelter, 1758～1832）ドイツの音楽家、音楽教育者、作曲家、指揮者。ゲーテと懇意になり、三〇年以上にわたって手紙のやり取りをした。また、ゲーテの数多くの詩に曲をつけてもいる。

第19章

戦略その７――義務的な制限を導入しろ

一九九〇年代、デンマークのある映画制作グループが自分たちの映画のクオリティを向上させようとあるアイデアを思いついた。当初、このアイデアは奇妙に思われた。それは、主に映画の撮影技術の利用を制限する一〇のルールであり、これらのルールは今日「ドグマ95」(1)として知られている。これにしたがって撮影された映画のなかには有名な作品もある（たとえば、ラース・フォン・トリアー(2)の『イディオッツ』(3)やトーマス・ヴィンターベア(4)の『セレブレーション』(5)など）。ここでは、主なルールを五つだけ挙げるにとどめておこう。

❶撮影はすべてロケで行うこと。小道具の使用は一切禁止。
❷物音や音楽をあとから乗せてはならない。音楽は、撮影場所で聞こえ、ストーリーの一部である場合のみ使用可。
❸カラーで撮影すること。照明を使用してはならない。
❹光学合成やフィルターを使用してはならない。
❺不必要なアクションシーンや殺人、武器を使った暴力などは禁止。

しかし、またいったいどうして現代の映画技術を使わずにわざと制限を設けたりするのだろうか。視覚に最大限訴える映像をつくるために、どうして最新の照明技術を利用してはならないのだろうか。そしてまた、なぜ心をとらえる音楽を使ってもっとインパクトのある映画にしてはならないのだろうか。もう一つの有名なドグマ映画『ミフネ』(6)を製作したソーレン・クラウ＝ヤコブセン(7)監督が、これらの問いに答えている。

---

(1) 一九九五年にラース・フォン・トリアーらによってデンマークに起こった映画運動。映画を製作するにあたって「純潔の誓い」と呼ばれる一〇のルールがある。

(2) (Lars von Trier, 1956〜) デンマークの映画監督。映画制作に対する一〇の制限「ドグマ95」を考案した。代表作に『ヨーロッパ』『奇跡の海』などがある。

(3) (Idioterne) 一九九八年。知的障害者のふりをして社会をだます若者グループと彼らに惹かれ、仲間に入って自分も障害者を装いはじめる一人の中年女性を描いた作品。

(4) (Thomas Vinterberg, 1969〜) デンマークの映画監督。トリアーとともに「ドグマ95」運動を創始。『ディア・ウェンディ』『セレブレーション』など。

(5) (Festen) 一九九八年。ある大資本家の還暦を祝うパーティの席で、長男が父の近親相姦という衝撃的な過去を暴いていく。

(6) (Mifune) 一九九九年。父の死をきっかけにある男性が知的障害をもつ兄を含む男女三人と共同生活を営むようになり、そのなかでそれぞれが自分を見いだしていく。「ミフネ」は『七人の侍』の三船敏郎を指す。

(7) (Søren Kragh-Jacobsen, 1947〜) デンマークの映画監督、音楽家。一九七八年から青少年向けの映画を製作しはじめる。一九九五年に「ドグマ95」に参画。『ミフネ』『マイ・リトル・ガーデン』など。

「『ドグマ95』は商業向けに考えられたものではなかったが、商業ベースで非常に大きな成功を収めた。これは、監督を技術による陵辱から解放し、旋回腕やフィルター、ドリー、照明などのあらゆる高価な機材による暴虐から解放するものなのだ」(8)

というわけで、このような制限はドグマ監督にとって、映画のなかにどんどんアクションシーンや暴力シーンを増やし、特殊効果を増やすという永遠につづく圧力からの解放となった。ドグマのルールは、監督を映画の中味という本質に再び集中させてくれた。すなわち、制限することによって品質を向上させることは可能なのである。そして、視聴者もまた、ハリウッドのどれも似たり寄ったりの映画とは気持ちのよいほど異なる非常に質のよい映画を楽しむことができるのだ。

「ドグマ95」で得たこのような経験から学べることがいくつかある。ここでつくられたルールは、あまりにも多すぎるオプションが問題となるときの対処の仕方を示している。その問題は、マルチオプション・トレッドミルとステータス・トレッドミルの間に不健全なフィードバックがあるために人や組織が技術と効果を向上させて相手を負かそうとし、それによってさらに深刻化することもある。

このようにして、技術的、形式上はより完全に近いが、内容がなく無益の商品ができあがることになる。それは報告書であれ、プレゼンテーションであれ、雑誌であれ、インターネットサイトであれ、音楽であれ、あるいはまさしく映画であれすべて同じだ。しかし、「ドグマ95」のルールは、このような無駄な仕事に対する効果的な武器となることが証明された。そして、映画監督に機能することはほかの職種やプライベートにおいても一つの解決策となりうるのだ。

このような制限はごく単純な場合もある。たとえば、報告書や提案書に対して文章の長さを制限することは簡単にできよう。今日、単に重要さをデモンストレーションしたいがために長くなった厚手の読み物ばかりを読まなければならず、それが悩みの種となっている人はたくさんいる。

テキスト処理の新技術「カット・アンド・ペースト」を使えば、他人の文章の一部を切り取って自分の文章に継ぎ足すことなどわけもない。これによって、著述業における愚行は洪水となって押し寄せそうなほどに膨れ上がった。これを効果的に抑えられるのは、もはや制限だけである。

たとえば企業では、社内報告書を一ページ以内に抑えて、それを超えた場合は二ページ以

（8） 動く被写体に合わせてカメラを動かす場合に、そのカメラを載せる台車。

降を無視してもよいというルールを導入してもよい。大学では、各機関の年間報告は八ページを超えてはならないという規定を設ける。そして、それ以上の報告書を作成した研究所があれば、その研究所の翌年の予算をカットする。

このような制限は大勢の人から歓迎されるにちがいない。なぜなら、こうすることによって、どうせ誰も読みたがらない文章をどうにかこうにか仕上げようとますます多くの時間を費やすという病的な強制を受けずにすむようになるからである。そしてまた、読む側も報告書が再び肝心なことだけに要点を絞るようになることをありがたく思うはずである。

制限は文章の長さだけではなく、発行物の点数にも適用することができる。これは、有益とも快適とも言えない現在の情報の氾濫に対して効果的な方策ではないだろうか。今日の学術界に対してはとくに有効である。理想を言えば、学問とはこの世界をもっとよく理解するための新しい知識の習得に役立てられるものである。しかし、このような知識による生産物を発行物の数で測っていては学術の崇高な目的は倒錯してしまう。

学術的な情報の氾濫は、一定の期間に一人の学者が発表してよい発行物の点数を制限すれば簡単に制御することができる。そうすれば、学者はもっと数多く発表しなければならないという間断ない圧力から解放され、その代わりに、再び研究内容や研究の質に集中できるようになるはずだ。

また、講演やプレゼンテーションも、パワーポイントを使ってより手の込んだものを披露しようとして作成にますます時間がかかるようになっている。あまり重要だと思えないとても短い講演ですら、今ではカラフルな表やら図やらアニメーションやらで誇張するのが当たり前となっている。

しかし、それには時間がかかるのだ。この問題にも制限を設けるという方法で対策を講じることができる。たとえば、社内のプレゼンテーションには、どのような性質のものであれアニメーションは一切使ってはならないこととする。これだけでもかなり時間の節約になり、時間節約トレッドミルを効果的に攻略することができるはずである。

進歩的な企業のなかには、拘束力のある制限を設けると社員の満足度のみならず仕事の効率も上げられることに気づいたところもある。典型的な問題は添付資料のついた社内メールの増加で、その添付資料の量にはギョッとさせられることも少なくない。そのため、シリコンバレーにあるソフトウエア開発会社のヴェリタス(9)のマーケティング部は、毎週金曜日に社内メールの使用を禁止し、昔のように社員同士でもっと会話をしてもらうようにした。それ

(9)（Veritas）アメリカのコンピュータ会社。一九八九年、社名を「トレラント・システムズ」から変更し、事業をソフトウェア一本に絞る。二〇〇四年、「シマンテック」が買収。

でもなお金曜日に社内メールを送った場合は、罰金を支払わなければならない。このような制限を加えた結果、金曜日に送信されるメールの数は約半減し、社員の満足度もこれまでより上がった。

イギリスの会社フォンズ・フォーユー[10]（Phones 4u）の創立者ジョン・コールドウェルはさらにもう一歩踏み込んで、二五〇〇人の社員全員に対して社内メールの使用を全面的に禁止した。その結果、「まさしく、わが社の解放となった。社員はコンピュータに縛られることがなくなり、商品を売ったり顧客に応対したりする時間が毎日三時間も増えた」と言う[*1]。

これまで取り上げてきたのは主に職場での拘束力をもつ制限であるが、これは私生活における情報の氾濫やオプション過多にも効果的な対策である。ただし、今日の自由な社会では自ら進んで制限を加えることはあまり喜ばれないだろう。そのような行動をとるのは、一般的に婚前性交渉やダンスや酒類などの「倒錯」を禁止している退行的な宗教団体くらいである。もしくは、時代から取り残され、現代の消費社会の誘惑がまだ部分的にしか入り込んでいない隔絶された地域に住んでいるために、そのたくまざる結果として制限が生じることもある。

しかし、多くの人々は宗教団体に入信することも辺ぴな土地へ引っ越すこともとくに望んではいないようなので、残る可能性としては自分で自分に制限を課すことのみとなるが、これにはある程度の自制が必要となる。

ここで、私自身の生活から例を一つ挙げさせていただこう。五年ほど前まで、私はほとんど毎日テレビを見る人種に属していた。しかし、テレビに多くの時間とエネルギーをとられることにだんだん腹が立ってきた。夜遅くまでテレビを見ていると、その分、翌日の夜に疲れが出る。夜、疲れたと思ったら人は何をするのだろうか。何か創造的なことをするにはエネルギーが足りないので、もちろんまたテレビを見るのである。

その結末は悪循環であった。テレビを見すぎたために慢性的な疲れがたまり、それが理由でもっとテレビを見るようになる。この悪循環から逃れるためには、もはや一つの方法しか残っていなかった。完全な「禁テレ」である。こうして私は、金輪際テレビを見ないという制限を自分に課すことになったのである。

今振り返れば、これは私の人生のなかでも有数の素晴らしい決心であり、これまでにこの決心を悔やんだことは一度もない。そう、いまやテレビを見たいとすら思わないのである。自己規律でとくに名を馳せているわけではない私がこのようなことを成し遂げられるのだから、ほかの人にもできないわけがない。テレビであれ、雑誌であれ、ネットサーフィンであ

(10)　(Phones 4U)　イギリスの大手携帯電話販売代理店。

れ、ほかの何であれ。自分で自分に拘束力のある制限を課すことは私生活のトレッドミルから逃れるにあたってもっとも効果的な方法となる。

このような制限がすでにテクノロジーのなかに組み込まれている理想的なケースもある。その好例が、携帯電話間で送信できるＳＭＳ（ショート・メッセージ・サービス）である。通常、ＳＭＳは一度に最高一六〇文字までしか送ることができない。そのため、書き手は否が応でも伝えたいことを簡潔にまとめなければならない。また、メッセージには見た目を楽しくする色もなければ絵もなく、音もアニメーションもない。これらの制限が、ＳＭＳを非常に効率的なコミュニケーション方法に仕立て上げた。

ただし、この高い効率性は、今、これらの制限が撤廃されたＭＭＳ（マルチメディア・メッセージング・サービス）の導入によって脅かされつつある。最高一六〇文字という短文の代わりに、ＭＭＳではカラー写真やサウンドを送ることができるほか、いずれはビデオも携帯電話から携帯電話へと送信することができるようになる。

これによって、私たちの生活はよりカラフルに、より快活に、より楽しくなると広告は約束するが、実際は無益な情報の送受信、チェック、加工、返信のためにますます多くの時間が必要となるにちがいない。これは、とてつもない後退である。

私たちは、進歩に関する考え方を根本的に考え直さなければならない。進歩というと、これまでは常に可能性が大きくなったり、現在の制限から解放されることと考えられてきた。しかし、進歩に対するこのような考え方は幸福のトレッドミルをもたらした。その名にふさわしい進歩というものは、将来、私たちの時間をあまり不必要なことに浪費させない特殊な制限も取り入れることになるだろう。心理学者のバリー・シュワルツが制限をポジティブなものとして見ることをすすめているように、私たちは、このアドバイスを真摯に受け止めるべきである。(＊2)

第20章

戦略その８――ランキング・マニアと闘え！

今日、私たちは上位に食い込むため、そして先導的な役割を引き受けるために絶えず努力をしなければならない状況となっている。そして、私たち個人であれ、公共機関であれ、あるいは民間組織であれ、より効率的に、より革新的に、より競争力がアップするように、またより利益を上げるように仕向けられている。

それとともにランキング・マニアがさらに増強し、人々は今、何であろうと行ったことをすぐに測定評価して、常に、そして即座にほかの人間や組織あるいは自分のかつての功績と比較しながら常に向上を目指している。多くの人々の生活がステータス・トレッドミルや要求トレッドミルに支配されている社会では、このことが何よりも大切なことになっている。

こうして人は、一人の社員が企業の成功にどれだけ寄与したか、一人の学者が著名な学術誌にどれだけ多くの論説を発表したか、あるいはまた一人の歌手がＣＤを何枚売ったかということをすべて知らなければ気がすまなくなってしまった。もちろん、ドイツの生徒がほかの国の生徒に比べてどのくらい賢いかということも知らないわけにはいかない。

人と組織の功績を比較したり評価したりして、その結果を順位にすることを仕事にする人の数がどんどん増えている。この先もちゃんと生き延びていくには、これらの活動にすべてがかかっているような気がしてくるほどである。しかし実際は、このような比較や評価や格付けを行うと、何よりもトレッドミルをよりいっそう激しく動かすことになる(＊1)。そしてまた、これらの評価は功績を適切に測ることがまずないために信憑性にも欠けている。

給与ランキングを見れば、果たしてトップマネージャーの功績が分かるのだろうか。公表物のリストの長さによって学者の影響力や能力を知ることができるだろうか。また、ＣＤの売上枚数で歌手の才能が分かるのだろうか。格付けはむしろ比較の機会をますます増やすばかりで、それ自体が活動の目的となっている。そうなると、教授ができるだけ多くの論文を発表することに実際的な意味があるのかと考える人もいなくなる。大切なのは、その教授がほかの誰よりもたくさん論文を発表し、それによって「発表」種目のチャンピオンになることなのだ。

ここ最近でもっとも目に余るのは、公的機関のランキング・マニアである。公的機関は市場外のところでサービスを提供している。にもかかわらず専門家は、市場のないところにもできるだけ市場にマッチする行動につながる評価構造や刺激構造をつくらなければならないと言う。このような考え方を支持する傾向はここ数年高まるばかりで、今では「ニューパブリック・マネジメント」において確固たる地位を築いている。非営利団体の能率の悪さに対する治療薬とされるこのようなメソッドには、一日の仕事の流れや職員のアウトプットを細かく把握するコントロール手段がぎっしりと詰め込まれている。

それだけではない。これによって各個人の働きが比較可能となり、それを数字で示して評価することも可能となる。そして、これによって、怠慢な公務員や怠惰な教師やのろまの看護師は誰かということが白日のもとにさらされる。このようにして測られた働きによって給与やほかの優遇措置を決めれば、公共機関の体質は自由市場とほぼ同じになり、その働きがようやく引き合うようになると専門家は信じているのである。

機能する市場のないところには刺激構造もないというこの問題は、現在新たに出現したものではなく、共産主義下の計画経済のなかでも経済学者がすでに取り組んでいた。計画経済がいくらか定着したとたん、共産圏では驚くべきことが確認された。それなりの見返りがないのであれば、世の中のために働くことはできないという人がたくさんいたのである。その結果、労働生産性が微々たるものとなる一方でリソースが湯水のように浪費され、瞬く間に深刻な経済問題を引き起こすことになった。

そんなときにはどうすべきか。すぐに思いつくのは市場の導入であるが、これはイデオロギー上の問題で不可能だった。しかし、市場経済がもつ特定のプラス効果をシミュレーションできる人工的な刺激システムならイデオロギー上の問題も少ない。というわけで、経済学者は職場の仕事がやり甲斐のあるものになるような業績の判断基準を探しはじめた。

その後、刺激システムは発展し、まもなく効果を見せはじめた。これについては、「プラハの春」当時にチェコ・スロバキアの経済大臣を務め、のちに国民経済学の教授になったオタ・シク[1]が一九八〇年代にザンクトガレン大学の講義で分かりやすく解説している。この講義には私も出席していたのだが、その例として彼は製靴産業を挙げた。

経済学者は製靴業者に対して、使用した材料の重さで報酬を支払うことを思いついた。この「トン・イデオロギー」の背後にある思考はごく順当なものである。靴をたくさんつくる人は材料もたくさん使う。そして、その消費は重量単位で測ることができるのだ。

しかし、結果は専門家が考えていたものとは異なった。数年も経たないうちに靴はだんだん不恰好に、そして重くなっていった。以前はほとんどやる気のなかった製靴業者が突然革新的になって、材料をもっとたくさん使える新しいモデルを次から次へと開発するようになったのである。

（1）（Ota Sik, 1919～2004）チェコとスイスの国籍をもった画家、経済学者。ザンクトガレン大学経済学および社会学教授。主著『新しい経済社会への提言―もう一つの可能性を求めた第三の道』篠田雄次郎訳（日本経営出版会、一九七六年）。

とはいえ、材料をいくらたくさん使おうが、消費者は靴を買うときにそんなことを評価するわけではない。こうしてこの新しい刺激システムは、経済効率を高める代わりに、最後にはもう誰も履きたがらない靴ばかりを生産することになった。

「素晴らしい！」と、人は言うかもしれない。これこそ計画経済システムが実現不可能であることを示す好例だ、と。そして、そのシステムは幸いにも過去の産物となったのだと。何と言っても、現在の市場経済における靴の供給は申し分がなく、消費者は数え切れないほどあるモダンで軽い靴のなかから好きなタイプを選ぶことができるのだから。

しかし、もう少しよく周りを見わたしてみると、計画経済下の製靴産業で起きていた現象とよく似た現象が今日観察されている。誰も欲しがらない、いつまでたっても庶民から利用されない品物が、再び何千人という人々の手によって丹念に精魂込めて大量に生産されているのである。これはとくに、ニューマネジメントを利用して職員の業績を管理している非営利組織に多く見られる。調査やプロジェクトや報告書に、これほど多くのエネルギーを費やしているところはほかにない。一歩組織を出れば、それらの調査やプロジェクト、そして報告書にはわずかな関心すらも寄せられないというのに。

どうしてこのようなことになったのだろうか。もう一度、学問と研究を例にとって見てみよう。公共機関で働く教授や研究者の活動は、もともと体系的に把握されたり評価されたりすることはほとんどなかった。なぜなら、彼らは楽しみながら自ら進んでよい仕事を行うはずだと考えられていたからである。実際、そうである場合もあったし、そうでない場合もあった。その結果、個々の研究者の質には途方もない差が生まれたが、それによって学問の発展が妨げられることはなかった。学問の天才と学問のボンクラは玉石混交となって研究畑にたむろしており、もうずいぶん前から、研究者の存命中にその人がボンクラか天才かが分からない状況となっていたのである。

そして、市場が信頼を勝ち取り、効率性が叫ばれ、公的資金が不足していくなかで、学問の世界でも測定可能な結果を供給するべきだという強い圧力が発生した。その測定可能なものの結果が発行物となったのだ。

多くの学者が、数ページに及ぶ発行物リストで異彩を放とうとするのはそういうわけである。つまり、これは彼らの業績証明書なのだ。たくさん発表している人は勤勉で優秀な人であり、あまり発表していない人は怠慢でデキの悪い人と見なされる。このような刺激システムに隷属している研究者たちは、二義的な思考によってできるだけ発行物を増やそうとしているという意味で、製靴業者と同じように創造的であり革新的である。

重要なのは、もはや論文の質や独創性ではなく、学術雑誌で発表された論文の数である。つまり、人工的な刺激システムのおかげで効率が向上しているかのように見えるものの、彼らが一生懸命つくっているのは結局本当に必要なものではないのだ。このようにして、学者たちは学術活動にストレスを加え、楽しみを奪うことに成功した独自のステータス・トレッドミルをつくりあげたのである。

国は、ニュー・パブリック・マネジメントの力を借りながら、ほかの国家活動もどんどん偽市場に変えさせようとしている。教育、医療、社会福祉、あるいは警察――どれも市場の必要性を信じなければならなくなりそうな気配ではないか。たとえば、医療や社会福祉は、障害児用の施設における育児や看護師の日課を「客観的に」把握し、評価する新しい業績認識システムをつくろうとしている。話し合いで定めた目標をせっせと達成して業績認識システムに数字をインプットし、報告書を書いて評価を下す。患者や子どもたちを世話する時間はますます減るが、最終的には医療機関の効率を高めるためであるのでそれも仕方がないというのである。

人工の刺激システムを通じて入り込んできた偽市場構造は、学者や教師、看護師などたくさんの人々が抱いていた仕事に対する喜びを台無しにし、生徒や患者といった犠牲者も出す新しいトレッドミルをつくりだした。ランキング・マニアはもともと公的サービス機関の質を改善するためであったのだが、結果として、質を脇に押しやることになったのである。

それに、押しやられるのは質だけではない。ランキング・マニアは、社会福祉や学問、医学などを支えている人々の内在的なモチベーションをも払いのけてしまうのである[*2]。学校の質は、少しばかり才能の劣る生徒が苦労の末にやっと数学の公式を理解したときに喜びを感じるような教師の存在によるところが少なくないし、病院の質は絶望に陥っている患者のために時間をとる看護師の存在が決定的な影響を与えている。しかし、ランキングによって落ちこぼれるのはまさにこのような内在的なモチベーションをもつ人々なのである。なぜなら、計測可能な判断基準で評価すると、彼らの成績はあまり良い結果にはならないからだ。

その結果、仕事に対する喜びが失われ、これによってさらにサービスの質が失われる。アルベルト・アインシュタイン[2]やトーマス・アルヴァ・エジソン、あるいはフロレンス・ナイチンゲール[3]などの非凡な人々が有名になったのは、彼らがほかの同僚よりも上位にランキングされようとしたからではない。ある結果を生みだそうという内在的なモチベーションをもっていたからなのだ。ゆえに、国は相手がアインシュタインやエジソンでなくても、そのモチベーションを押しやるのではなく促進するべきである。

（2）（Albert Einstein, 1879～1955）ユダヤ系ドイツ人の理論物理学者。光量子説、ブラウン運動の理論、特殊相対性理論、一般相対性理論などの首唱者。ノーベル賞受賞者。

（3）（Florence Nightingale, 1820～1910）イギリスの看護婦。クリミア戦争に際し、多くの看護婦を率いて傷病兵の看護に当たり、「クリミアの天使」と呼ばれた。

国が促進するランキング・マニアに終止符を打つことができれば、それは人工的につくられる不必要なトレッドミルを解体する決定的な第一歩となるにちがいない。このような見地において、公的機関はすべての測定活動や評価活動、ランキング活動を見直し、真の品質改善につながらなかったものは排除するべきである。ランキングが少なくなれば社会全体がより幸せになるばかりでなく、現在繰り広げられている人工的なステータス競争の演出に浪費されるお金を節約することもできるのだ。

第21章 戦略その9——国家による再分配を増やす代わりにトップサラリーを制限

古代から、国家は国民の間のステータス競争を禁止するという抑制を幾度となく繰り返してきた。(＊1) キリスト誕生から四世紀以上さかのぼった時代のローマには、霊廟の大きさの上限や葬式後の会食費用の上限を定めた法律があった。ローマ人の間では霊廟こそがステータースシンボルであったため、この法によって死者の住まいである霊廟がいつか宮殿のような大きさになって生きた人間の住まいを凌駕するのを防ごうとしたのである。

また、中世のヨーロッパでは多くの地域でレースの装着が禁止されていた。レースの使用は貴族の特権と見なされており、庶民はこのステータス競争に参加してはならなかった。しかし、この禁令の効果はあまりなかった。というのも、人々はステータス競争を高価な貴金属や象牙でできたボタンへと移行させ、まもなくそれらが服の一部をすっかり覆うまでになったからである。

今日、このような父権主義的な禁令は、少なくとも西側諸国ではもうほとんど見られない。まず、リベラルな思想とうまく折り合わないし、これらの禁令はたいてい不公平でもあった。

それを発令した王や公爵や侯爵は、自分自身を対象外にしてステータスシンボルを独占していたのである。

国家はこれらの禁令や制限のほかに、いわゆる「ぜいたく品税」[1]によってステータス競争を繰り返し制約しようともした。ほかでもないアダム・スミスも、自著『国富論』［一七七六年、邦訳は、竹内謙二訳、東京大学出版会、一九六九年］のなかでそのようなぜいたく品税のＰＲに努めている。ただし、彼の場合はステータス競争の制限というよりも、国家のために安定した収入源を確保することが目的だった。彼は領主館や個人所有の馬車を富裕層の虚栄心と見なし、これらに課税することを考えたのだ。そして実際、アメリカに初めて導入されたぜいたく品税は個人所有の馬車を対象にしたもので、このときの課税率は馬車の車輪の数によって決められた。

このようなぜいたく品税は今でもまだ多くの国に存在しているが、ステータス競争を制限することはもうほとんどできなくなっている。ぜいたく品税というと意義あるもののように思われる。日常必需品にはあまり課税されず、ぜいたく品の消費に負担がシフトされるからだ。しかし、実際にはぜいたく品を制限することがかなり難しいことになったうえ、たいていは不条理な結末に終わっている。

目下のところ、アメリカにその好例が存在する。この国の立法機関は、今ブームの高級オフロード車（スポーツ多目的車）を、高級車にかかる税金の対象外である有用車両に分類したのである。

一般的に、あるぜいたく品に対する課税が大きくなると、人々は国がまだぜいたく品に定義していない別の新しい商品を求めるようになる。国は常に市場の発展のあとを追っており、最後には生産者側のロビー活動が十分でなかった製品に課税が回ってくるということもしばしばである。

もう一つ一般的に言えることは、特別税の導入を通じて国民のお金の使い方に口を出すよりは、収入に対して影響を与えるほうが国にとっては楽だということである。金持ちからお金を取り上げてそれを貧しい人々に与えれば、金持ちの手元にはぜいたく品のために使えるお金があまり残らないためにステータス競争も制限されることになる。あるいは、いっそうのこと国が給料の支払額を決めてしまい、収入の格差が広がらないように配慮するのもよいだろう。

これは、共産主義下の計画経済では当たり前のことだった。そこでは、担当や業績に関係なく、全員が（もちろん、幹部は例外だが）同じくらいの給料を貰っていたためにぜいたく

(1) 物品税。奢侈《しゃし》品、嗜好品など、特定の物品を対象として課される間接税。

品によるステータス競争を実際に制限することができた。しかし、このシステムに心酔した人はあまりいなかった。自分の仕事が本当に報いられることがまずなかったので、人々は鬱憤を積もらせ、働いても生活は楽にならないうえに先行きがとても暗かった。

それは、アッパークラスから外れているという今日の経済に蔓延している劣等感よりももっとひどかった。現在では、少なくともまだいつか夢がかなうかもしれないという希望をもつことができる。だが、共産主義国家による「平等主義」はどんな希望をも握りつぶしてしまった。国民を全員貧しくしておいて、幸福な社会が生まれるはずがない。

今日では、収入の不均衡を是正しようとして国家がこれほど厳しく自国民を統制することはなくなった。現在の主な方法は所得税の累進課税であり、所得によって（ある程度まで）税率が上がっていく。しかし、その税率は、一九八〇年代から再び拡大の傾向にある所得の格差を防げるほど大きくないことがほとんどだ。[*2] そのため、ロバート・フランクやリチャード・レイヤード[2]などの経済学者は、現在拡大する一方であるステータス競争を抑止するためにもっと累進的な所得課税を導入するように訴えている。[*3] フランクはさらに、所得から預金に回した分を控除できるようにして、実際には所得でなく消費に対して課税することを提唱している。この提案を、彼は「消費の累進課税」と呼んでいる。

このような提案の背後には、次のような経済学的な論理がある。[*4] もっと稼ごうと一生懸命になると、自分の周囲にいる人間よりも所得が増え、当人は一つのステータスを得る。それによってその人自身は以前よりも幸せになるが、周りの人間はその人よりも貧しくなるためにいろいろと思い悩むことになる。つまり、ほかの人よりも多く稼ごうとすれば、それによって周囲の幸福感が減少して当人はみんなの「害になる」のである。

所得課税や消費課税をより累進的にすれば、人をこのような行動に走らせる刺激を減らすことができ、ステータス・トレッドミルを減速することができる。その税率がどのくらいであるべきかという詳細にまで触れられているケースは少ないが、リチャード・レイヤードは高額所得者の限界税率（直接税と間接税を合わせたもの）をだいたい六〇パーセントくらいとしている（＊5）。

ただし、再分配が広がればその分国民の幸福も上昇するのかと言えばそれは疑問である。そうだとすると、スウェーデンやデンマークのように富裕層に高い税金を課している国の国民は、アメリカのように富裕層にも比較的低い税率を適用している国の国民よりも幸福だということになる。しかし、経験的調査では、大きい所得格差が容認されている国の人々よりも平等社会に住む人々のほうが幸福だということを示す結果は出ていない。

（2）（Richard Layard, 1934～）イギリスの経済学者、幸福研究者。上院議員。ロンドン・スクール・オブ・エコノミクス（ＬＳＥ）の教授。『ロシアは蘇る』田川憲二郎訳（三田出版会、一九九七年）。

それどころか、最近発表された研究(＊6)によると、アメリカでは所得分配がヨーロッパよりもかなり不公平なのにもかかわらず、アメリカの貧困層はヨーロッパの貧困層より幸せだという。というのも、アメリカ人は今でもアメリカンドリームを夢見ており、いつかは金持ちになれると信じているが、ヨーロッパではそのような幻想を抱いている人がほとんどいなくなってしまったからである。

「公正な」所得分配を行うという目標と金持ちになりたいという個人的な欲望の間には、結局根本的なジレンマがあり、それが「アメリカン・ドリーム」に現れているのである。その際、この夢が実際に実現されるかどうかということは大して重要ではない。大切なのはそれを信じることである。(＊7)人は大きな池の小さなカエルでいることを毛嫌いし、劣等感を毛嫌いする。しかし、その一方で、自分もより大きいカエルになるための努力を裏から破壊してしまう国家の干渉も好まない。

税率の累進率を高くすると、脱税の方法をあまりもたない中流層の上部に打撃を与えるという問題が生じてくる。それに対して、本当に裕福な人々は常に税金を回避する方法をもっている。たとえば、スカンジナビアのとても裕福な人々は、もうかなり前から税務署がまだ話し合いに応じてくれるスイスなどの外国へ居住地を移すようになっている。最終的に「幸福な社会」とは、自分の働き次第で社会的地位を上昇させられるという希望を壊すことなく、国が所得の格差を拡大させすぎないように計らう社会である。これは、政治における永遠の課題であろう。

これらの論証は、どれも国家がステータス競争の制限に向けて取り組むことに異を唱えるものだが、それもステータス競争が過半数の国民の幸福感に悪影響を及ぼすといった極端な状況に陥らないことが条件である。たとえば、一九九〇年代からトップマネージャーの間でエスカレートしつづけている高収入をめぐるステータス競争では、このような介入も正当化できるのではなかろうか。なぜなら、トップにいる少数の高額所得者は暴利をむさぼっているのであり、その負担が国民の大多数にかかっているからだ。このような発展の発端はアメリカだが、ヨーロッパのトップマネージャーも意欲的にこれをコピーしてきた。

まずは、数字を見てみることにしよう。アメリカの労働者の平均所得は、物価上昇率を考慮すると一九九〇年から二〇〇四年の間にわずか四・五パーセントしか増加していない。ところが、同時期のある最高経営責任者（CEO）の平均月給はなんと三一九パーセントも上昇している(*8)。

二〇〇四年の最多所得者はオクシデンタル・ペトロリウム社(3)のレイ・イラーニ(4)で約三一〇

（3）（Occidental Petroleum）アメリカの石油、ガス企業。略称「オクシー」。一九二〇年に設立。

〇万ユーロ［約四一億円］、その次がホーム・デポ社のロバート・ナーデリ(5)で二七〇〇万ユーロ［約三六億円］だった。しかし、ヨーロッパのトップ・マネージャーもほとんどひけをとらない。スイスでもっとも所得の多いトップ・マネージャーはノバルティス社(6)のダニエル・ヴァセラ(7)で、二〇〇四年にはストックオプション込みですでに約二五〇〇万ユーロ［約三三億円］を稼いでいる。(*9)

トップマネージャーが普通の人々の一〇〇倍もの生産力をもつスーパーマンであるのなら、純粋な市場経済的な見地からはこのような高給に対して何も言うことはない。だが、これまでそれを証明するには至っておらず、ほとんどのトップマネージャーが業績とはほとんど無関係に給料をもらっている。それも「能力給」と呼ばれている給料を。(*10)

要するにこのような高給は、給与がどんどん上がるように市場の向こう側で互いに計らい合っているトップマネージャーや評議会メンバーや顧問らによる、マフィアにも似た連携の賜物にほかならない。そして当事者、つまり会社の社員や小口株主はそれに対して打つ手を何ももっていない。それどころか、一向に上がらない給与や将来もらえる小額の年金や配当金で企業のトップたちに過剰な給与を「支払っている」のである。

アフリカの某国家元首が国をあたかも自分の所有物のように扱い、国家財産を可能なかぎり自分のために流用するのと同じように、トップマネージャーたちも会社を自分の所有物だと思っている。それゆえ、権力の座に就いている間は、やはりできるだけたくさん暴利をむさぼろうとするのである。

しかし、このような過剰給与がもたらす第一の悪影響といえば、やはり一国の経済的もしくは社会的な雰囲気を険悪にしてしまうことだろう。トップマネージャーに対する法外な支払いを前にして、バカを見ていると思う人は増えるばかりである。どこかのトップマネージャーがよく分からない理由で自分の何倍もの給与をもらっているのに、どうして自分は少しばかりの昇給のためにこんなにも努力をしなければならないのだろう、と。

給与と業績のはっきりしない関係は、人々の根底にある倫理的な感覚を傷つけ、全体的に不満を募らせる雰囲気をつくりあげている。そのため、このような過剰給与に終わりを告げ、トップマネージャーの給与の上限を定める拘束力のある規則をつくる必要がある。

（4）（Ray Irani, 1935〜）レバノン生まれ。一九五三年に渡米。オクシデンタル・ペトロリウム社の会長兼社長。

（5）（Home depo）アメリカの日曜大工用品・建築資材小売の最大手。一九七八年に設立。

（6）（Robert Nardelli, 1948〜）アメリカ人。二〇〇一年、ホーム・デポ再建のため最高経営責任者（ＣＥＯ）に招聘される。二〇〇七年、自動車製造業のクライスラーの会長兼ＣＥＯへ。

（7）（Novartis）スイスの化学薬品大手。一九九六年、サンドとチバガイギの合併により誕生。

（8）（Daniel Vasella, 1953〜）スイス人。元医師。一九九六年の創立以来、ノバルティスのＣＥＯを、一九九九年からは会長も務める。

かといって、単純に給与の最高額を定めるのもあまり有意義とは言えない。そのような規定は恣意的であり、融通が利かないからである。それより、相対的な制限を設けるほうがよい。たとえば、ある企業で最高の所得を得ているトップマネージャーは、同じ会社の最低所得の社員よりも一定の倍率以上を受け取ってはならないこととする。その対象額には、トップマネージャが受け取るストックオプションや特別報酬もすべて含む(*11)。

これは何も目新しいアイデアではなく、現在のモルガン・スタンレー(9)の創立者であり、おそらくもっとも有名な銀行家であるアメリカのジョン・ピアポント・モルガン(10)がすでに一九世紀末にこのような規則をつくっていた。彼は、自分の銀行でもっとも所得の多いマネージャーはもっとも収入の低い社員の二〇倍以上稼いではならないという実用的なルールを定めたのである(*12)。

当時、モルガンがつくった規則は今日でもまだ有用であり、コーポレート・ガバナンス(11)に関する既存の規則を補うことができるはずである。最高と最低の給与額の差がどのくらいであるべきかということについてはこれからの議論を待たなければならないが、二〇倍という数字は、今でも適しているのではないだろうか。室内清掃員が月収二〇〇〇ユーロ［約二七万円］だとしたら、トップマネージャーの月収は四万ユーロ［約五三三万円］もあれば十分だろう。

モルガンと同じように、今、企業がトップの給与に相対的な制限を設けたとしても、すぐれた業績を残したトップマネージャーに対しては給与を常時引き上げることは可能である。ただし、そのときは低所得層の給与も引き上げ、両者の差が定められた比率を超えないようにするべきである。

（9）（Morgan Stanley）アメリカの証券会社。一九三三年、旧ＪＰモルガンの投資銀行部門が独立して設立された。
（10）（John Pierpont Morgan, 1837～1913）アメリカの実業家。モルガン商会を興し、鉄鋼トラスト、鉄道、海運、鉱業、通信、銀行などに広範な支配網を確立した。
（11）企業統治。企業の内部統制やリスク管理体制、報酬の内容など、健全な企業運営のための仕組み。

第22章 戦略その10——世の中を楽しむ術を学べ

すでに、アリストテレス(1)が投げかけた「良い生活」とは何かという問いを探究した哲学者は古代から数多くいる。しかし、経済に関してはこの問いかけがすっかり忘れ去られているようだ。ジョージ・バーナード・ショウが「経済学は私たちの生活を最高にする術だ」と書いているが、まさにその通りである。一生をかけて輝かしいキャリアを積むことを学び、できるだけ多くのお金を稼ぐだけで終わってよいはずがない。今、手に入れた豊かな生活が幸福や満足をもたらしてくれるようなものとなるよう、そろそろ取り組みはじめる時期ではないだろうか。しかし、人生を楽しむ術《すべ》とも言うべきこの知識は、現在の学校教育プランのなかには入っていない。

全体的に、私たちは今日お金を稼ぐことにおいてはエキスパートでも、その稼いだお金を幸福に転換することとなるとまるで素人である。ドイツやスイス、オーストリアなど（もちろん、ほかの工業国も）はこの点において途上国であり、矛盾しているようだが、人生をもう少し楽しくしようと思えば途上国の人々に頼らざるを得ない状態となっている。信じられない方は、スイス人しかたむろしていないバーで一晩を過ごしてみて欲しい。愉快でもなければ、生きる歓びも何も感じられないことまちがいなしである。楽しく過ごすには、アフリカやラテンアメリカの人々がいるバーへ行かなければならないのである。

しかし、いくらグローバル化とはいえ、途上国の人々に頼ってばかりいるわけにもいかない。私たちは、人生を楽しむ術《すべ》の基本をもう一度体得し直すべきである。これこそが本当に元の取れる学習投資だろう。どの男性も、どの女性も、幸福のトレッドミルから逃れる方法を知るべきである。それに適した場所の一つが学校である。ある国において人々の幸福と満足が実際に経済政策の目的となるときには、哲学者や心理学者、社会学者、経済学者が何百年もかけて収集してきた人生を楽しむための知恵や知識を国民の間に広めるために国家も努力をすべきである。

それだけではなく、人生を楽しむための知識は現代経済にも組み入れられなければならない。トレッドミルがなければ成長はなく、成長がなければ今の経済は困難に陥る。とはいえ、一方ではトレッドミルがあるゆえに経済が成長しても私たちは幸せになれず、ストレスが増

（1）（Aristoteles, BC384～BC322）古代ギリシアの哲学者。プラトンの弟子。『形而上学』出隆訳（岩波書店、一九五九年）など、論理学、倫理学、政治学、詩学、博物学などに関する多数の著作がある。

えるばかりなのだ。結局、人生をもっとも素晴らしいものにする術《すべ》とは、いくら伸びても私たちを幸せにしてくれない経済成長と緩やかではあってもより大きな幸せをもたらす経済プロセスの間で、細々とした理想的な中道を私たちに見つけさせてくれる繊細なアレンジなのである。

その状況は、地中海をさまよいながらスキュラとカリュディプスの間を通り抜けるために全身全霊を投入したギリシャの英雄オデュッセウス(2)のそれとよく似ている。スキュラは六つの頭をもった怪物で、哀れな船乗りたちを食い殺した。そして、カリュディプスはどんな船も飲み込んでしまう巨大な渦だ。現在、私たちが抱えているジレンマはこれほど劇的ではないにしろ、似たようなものである。

ただし、中道を取れれば、できるだけ高い成長率を目指したり、逆に禁欲に転向したりするという極端な結果を得ることはほぼ不可能となる。このことは、たくさんの人が自分の私生活で経験しているはずだ。人とは、束縛されずに独立していたいものだ。素晴らしい自由を享受しているのに、そこに結婚や家庭という制限を加えて人生をさらに困難にしなければならない理由はどこにもない。

だがその一方で、私たちはあまりに大きすぎる自由にも驚愕させられる。そこには、安定も安心も存在しないからである。私たちは、家庭を提供してくれるふるさとをどこかに求めている。しかし、安定や安心が大きくなりすぎると、それは一挙に束縛や制限として受け止められることになる。一〇〇パーセントの自由も一〇〇パーセントの安心も、多くの人にとっては地獄となるのだ。

幸福はその間のどこかにある。そして、繊細なアレンジを行うと、安心感と引き換えに手放す自由も少なくなる。これはとくに、何かを、つまり人生を楽しむ術を必要としている人にとってはたゆまざる挑戦である。

成長を止めずにトレッドミルから逃れられるというような繊細なアレンジは、経済にも必要である。トレッドミルのスピードを緩めることは可能であり、ここで紹介した戦略はその方向へ踏みだす第一歩である。しかし、このことに関する知識が広まらないことには、この戦略もほとんど役に立たない。実際に「人生を楽しむ術」という教科が学校のカリキュラムに登場する日が来れば、幸福な社会に向けて大きく寄与するはずである。

著名経済学者のジョン・メイナード・ケインズは、すでに一九三〇年、人生を楽しむ術が未来の経済に与える意義を見いだしていた。「経済が孫のためにできること」と題された短

（2）（Odysseus）ギリシア神話の英雄。トロイア戦争を勝利に導いたあと、故郷を目指して地中海を航海するが、数々の難関に出合い、一〇年近く漂流の旅をつづけた。

い論文のなかで、彼は将来、人々が生きるために必要なものはすべて得られるようになり、それによって基本的な経済問題は解決できるようになると論じた。

ケインズは約一〇〇年後、つまり二〇三〇年ごろにそのような時期が来ると考えたが、第二次世界大戦後の工業国の成長はケインズの想像以上に大きく、私たちは今日すでに彼が想像したような状況に達している。

「こうして人は、創造以来初めて、本来の永続的な問題に立ち向かうことになるだろう。重苦しい金銭的な心配から解放され、その自由をどのように使うべきか。健全な、快適な、そして良い生活を送るために学術や指数成長が手に入れさせてくれた自由な時間をどうやって埋めるべきなのか。熱心な稼ぎ手は、私たち全員をお金があり余った豊かな経済状況へ導いてくれるかもしれない。しかし、この新たな余剰を享受できるのは、人生を楽しむ術《すべ》を自分で育て上げ、より完全に発展させられる人のみであろう」

訳者あとがき

「訳者あとがき」を書くにあたっていろいろと考え事をしてしまった。たとえば、「今、幸せか？」と聞かれれば「イエス」と即答することができる。しかし、「幸せになるために努力をしてきたか？」と聞かれたら、どう答えただろう。とくに、そのような意識をしてきたことがないような気がする。

子どものころは、誰かに褒めてもらいたくてそれなりの努力をしてきた。というのも、褒められるとうれしかったからだが、私の頭のなかではそれが「幸せ」という言葉には直接結び付いてはいなかったように思う。

今、幸せのために行っている努力らしきものと言えば「スモークトーク」だろうか。「こんなことまでわざわざ口に出して言うようなことじゃない」と思うような些細なことでも、家や職場でなるべく話すようにしている。何気ない会話も、生活するうえにおいては意外と潤滑油となる大切なものだと思っている。

冒頭に書いたように、私が「今、幸せだ」と言える理由はいくつかある。まず、生涯をかけてやりたいと思えるものが見つかったこと。人間、やっぱり好きなことをやっているときが一番幸せなのだ。それから、毎日が平穏にすぎていくこと。一年半前、飼っていたネコがある日突然交通事故で私たちのもとから去ってしまった。「今、人生の半分くらい生きたところだね」という話を夫としていた矢先の出来事で、それ以来、今日も一日、何事もないまま就寝できることをとてもありがたく思うようになった。

もちろん、「今、幸せだ」と思える背景には物質的な意味における安定した生活がある。高度経済成長時代の日本に生まれ、政治的に安定したスイスに住むようになったこと自体が恵まれていることだとも思っている。

ところで、先ほど言った幸福感は瞬間的なものではなく、比較的長いスパンで見たときの印象である。そう言えば、「モグリ」と名づけていた飼いネコが生きていたころは自宅で仕事をしていたのだが、しみじみと幸せを感じる瞬間が二つあった。

一つは、自由に外を歩き回れるモグリが家で寝ていて、夫も家にいて、みんなで静かな時間を共有していたときだ。

そしてもう一つは、おかしなことなのだが、私は朝起きたときに夫と自分の掛け布団をベッドの真ん中に寄せておき、午後になるとそれをベッドの両端に移動させてマットレス全体を空気にさらすようにしている。そして、この掛け布団をひっくり返しながら真ん中から端に寄せる作業をしているとき、何故かいつもほんわかとした幸せな気分になっていた。

毎日毎日、同じリズムの繰り返しで、ときには社会から隔離されていると感じるような単調で、少しもの寂しい生活だったが、このときはいつも和やかな気持ちになった。現在も、会社から帰ったあとにこの作業を繰り返しているが、あのころのような気持ちにはもうならない。あのときの幸福感の源は何だったのだろうか。

いずれにしても、本書で紹介されている経験的調査の結果に明らかなように、人間が幸せを感じる瞬間というのはごく平凡な時間のようだ。

話は変わるが、スイスでも肥満の人が増えている。とくに、子どもに顕著に現れている。もちろん、食事の仕方にも問題はあるのだろうが、遺伝も大きく関係しているという。このような子どもたちは、ほかの子どもと同じような食生活を送っていても絶対に太ってしまうらしい。人が幸せになれるかどうかも、つまりある状況を幸せと感じられるかどうかも、少し遺伝が関係しているのではないだろうかと素人なりに考えてしまう。まあ、今の世の中、何でも遺伝で片づけられそうな気もするが……。

人の嗜好というのは、もって生まれたものに左右される部分が多いような気がする。もしそうならば、モノやお金が好きな人は自分ではその嗜好をどうすることもできないということになる。今の世の中、モノがなければ幸福感を得られない人は、モノがなくても幸福になれる人よりは幸せにはなりにくいと言えそうだ。痩せるために人一倍の努力をしなければいけない人がいるように、幸福になるために人一倍の努力をしなければならい人もいるのではないだろうか……ちょっと酷な話にも思える。

いかなる世界（少なくとも文明諸国では）の片隅にもテレビが置かれている現在、国が違おうが大陸が違おうが、ほとんどの人々が自分の生活と他人の生活を簡単に比較することができるようになった。商売や取引も自らが住む国の外にまで拡がり、経済活動のなかではもはや国境は存在しないかのようだ。そんな世の中においては、世界を舞台に活動を展開している大企業のトップの言動が経済界のみならず政界にまで大きな影響を与えている。そして、資本主義をエネルギーとして動いている「幸福のトレッドミル」の増速や減速にも大きくかかわっていることになる。経済界を代表する人たちは、そのことを自覚しているのだろうか。

これまで私は、経済というものは自らの日常とはかけ離れたところで動いているものだと思っていたが、本書の著者が言うように、経済の目的が人々を幸せにすることであるならば、グローバル化は経済危機だけではなく幸福に関しても起こるべきだろう。だが、裕福な国とされているスイスでさえ貧富の差は大きく開くばかりとなっている。

本書の翻訳にとりかかりだしてすぐある会社の社員として仕事をはじめることになったため、翻訳や校正などの作業にはこれまで以上に時間がかかった。いつも通り拙訳書の出版に力を注いでくれて、辛抱強く訳稿を待ってくださった株式会社新評論の武市一幸氏にはこの場を借りて改めてお礼を申し上げたい。

本書を手に取ってくださった読者のみなさまには、ふと自分を見失ってしまいそうなほど変化の早い現代で、本書が少しでも今を、そして明日を暮らしやすくするためのヒントになれば幸いである。

小山千早

二〇〇九年　七月　チューリヒにて

4．Keynes（1930）P.321。
5．Stove（1999）。この概念は「They all laughed at Christopher Columbus」という歌に由来している。
6．フロギストン説によると、可燃物はすべてフロギストンという成分を含んでおり、これが可燃性という特質をもたらしている。この物質は燃焼中に液化すると考えられた。
7．Kraybill（2001）参照。

19章

1．Heuer（2004）。
2．Schwartz（2004）P.235。

20章

1．Layard（2005）P.158も参照。
2．Layard（2005）P.160、並びにFrey und Jegenの一覧（2001）を参照。

21章

1．Frank（1999）P.199~201を参照。
2．Schor（2000）P.9などを参照。
3．Frank（1999）und Layard（2005）参照。
4．Layard（2005）、P.228参照。
5．Layard（2003）参照。
6．Alesinaその他（2004）。
7．Alesinaその他（2004）参照。
8．データはInstitute for Policy Studiesより引用。
9．計算はFondation Ethosより引用。
10．このテーマに関するSchützの具体的な論説（2005）を参照。
11．さらに、低賃金の業務をアウトソーシングすることによって企業がこの取り決めを回避しないように注意しなければならない。
12．Schütz（2005）、P.25参照。

16章
1．Putnam（1996）。
2．Hochschild（1997）。
3．Cramer（2003）P.316。
4．Hochschild（1997）P.60。
5．Bittman und Folbre（2004）など参照。
6．Baker（1997）など参照。
7．Radisch（2006）。
8．Kemkes-Grottenhalter（2004）の調査など参照。
9．Pacholok und Gauthier（2004）P.197。
10．Hochschild（1997）P.203 ff。
11．Hochschild（1997）参照。

17章
1．European Commission（1998）。
2．Davis und Polonko（2001）。
3．Geißler（2004）P.138。
4．Peters その他（2002）P.8。
5．European Comission（1998）。
6．ECATT（2000）、ITAC（2001）。
7．連邦経済労働省（1999）参照。
8．ECATT（2000）、Hamsa und Miura（2001）。
9．Hochschild（1997）P.256。
10．Tijdens（2003）。
11．ITAC（2001）。
12．Hochschild（1997）P.257。
13．Seifert（2005）の論文を参照。

18章
1．Ulrich（2005）。
2．Csikszentmihaly（2003）P.17。
3．Layard（2005）P.164も参照。

2．Smith（1977）P.314。
3．Smith（1977）P.315。
4．このテーマは経済学の基準となる参考書ではほとんど扱われていない。にもかかわらず、複数の著名な経済学者がこの関連を繰り返し強調している。Binswanger（1996）および Binswanger, H.C.（2006）の新しい著書にも詳しい。
5．Csikszentmihaly（2004）P.183から引用。

12章

1．Myers（1993）など参照。
2．Dominguez und Robin（1992）など参照。
3．Frank（1999）あるいは Layard（2005）参照。
4．Schor（2000）。
5．この例は Frank（1999）P.133~136により詳しく記載。

13章

1．Frank（1985）P.19。
2．Branmmer その他（1994）。
3．Frank（1985）P.34。
4．この例は Schor（1998）P.78~79より引用。

14章

1．社会資本とは、友人や家族、同僚、近所、地元団体など、人間同士のネットワークのモデルおよび密度を指す。他方では、このようなネットワークから発生する共通の価値観（OECD, 2001参照）をも意味する。社会の中の社会資本の大きさを示す指標は、経験的調査による幸福度や満足度と緊密な相関関係にある（Bjørnskov, 2003; Lane, 2000, 第６章）。

15章

1．Schwartz（2004）P.77～96を参照。

11. Anderson（2004）を参照。
12. 経済学では、効率向上によってもたらされる需要の増加に対して「リバウンド効果」という概念を用いている。文献の中で特によく論議されたのは、節エネ技術の進歩との関連においてであった。私は研究活動の中で、節エネ技術の進歩に際するリバウンド効果がかなり重要であることを二つの論説において指摘した。
13. Hewitt（1993）。
14. Garhammer（1999）P.168。
15. Schafer（2000）。
16. Knoflacher（1993）を参照。
17. Garhammer（1999）P.393。
18. Lebergott（1993）P.60を参照。
19. Robert Half International（1996）。
20. Machlis（1997）。
21. Brady（1997）。
22. Lebergott（1993）P.51。
23. Lebergott（1993）P.51。
24. Schor（1991）P.94。
25. The Independent、29.1.1995。
26. Garhammer（1999）P.383 ff.、Hochschild（1997）P.214。
27. Schor（1991）P.18も参照。
28. Adam その他（1998）参照。
29. Martin Held und Karlheinz Geißler が出版した現在の経済学に関する巻（1998）を参照。
30. Geißler（1998）P.203も参照。
31. Rinderspacher（1985）P.297。
32. Reisch（2002）P.48~49を参照。

11章

1. 現世で常により良い生活を約束する永続的な成長は現代の新たな福音となっており、これが永遠の生を約束する古いキリスト教の福音に取って代わった。Binswanger（2006b）を参照。

2．Federal Reserve Bank of Dallas（1998）。
3．Hirsch（1976）。
4．Schwartz（2004）を参照。
5．Bode および Roth（2002）を参照。
6．この結果は、別の選択状況に関する調査でも複数回確認されている。Amir und Ariely（2004）、Tversky und Shafir（1992）、Redelmeier und Shafir（1995）を参照。
7．Desmeules（2002）を参照。
8．Lehmann（1998）を参照。
9．この図は Schwartz（2000）P.81より引用。
10. Hahn その他（1992）、もしくは Heylighen（2006）などを参照。
11. Reuters（1996）。
12.「心の会計（mental accounting）」は心理学者の Daniel Kahneman および Amos Tversky が考案したもの。1980年代初め、2人は論文で何度かこの概念を用いて流行らせた。Kahneman und Tversky（1981）参照。
13. Thaler（1999）を参照。
14. Hsee その他（2003）を参照。
15. Carmon その他（2003）、あるいは Tsiros und Mittal（2000）を参照。
16. Loewenstein その他（1999）も参照。
17. Beck（1992）を参照。

10章

1．Texas Transportation Institute（2002）。
2．Schafer（2000）参照。
3．Geißler（2004）P.113より引用。
4．Koslowski その他（1995）、Novaco その他（1990）を参照。
5．Frey und Stutzer（2004）。
6．Held und Nutzinger（2002）も参照。
7．Tyrell（1995）P.73を参照。
8．Garhammer（1999）P.398〜399を参照。
9．IP（2004）。
10. Csikszentmihaly（1991）。

17. Schor（1998）P.41。スイスのバーゼルではもう一歩踏み込んで、2006年秋、ある中学校に制服の一時導入を実施した。
18. Wuthnow（1996）。
19. Kenrich その他（1989, 1993）、O'Guinn und Shrum（1997）、Schor（1998）などを参照。

8章

1．データ出典：US Census Bureau。
2．Silverstein und Fiske（2003）P.154を参照。
3．Silverstein und Fiske（2003）P.96.
4．いわゆる希求水準説。Inglehart（1990）もしくはMichalos（1991）を参照。
5．Easterlin（1974, 2001）を参照。スイスの経済学者であるBruno Frey und Alois Stutzerはこの関係を複数の研究で強調している（2002, 2003, 2004）。
6．Frank（1999）P.181~182を参照。
7．Loewenstein und Schkade（1999）を参照。
8．Brickman その他（1978）並びに Diener und Emmons（1985）を参照。
9．Gilbert その他（2002a, 2002b）を参照。
10. Frederick および Loewenstein（1999）並びに Easterlin（2003）を参照。
11. Kasser（2000）、Swinyard その他（2001）、van Boven und Gilovich（2003）を参照。
12. Loewenstein und Schkade（1999）。
13. Ward und Eisler（1987）を参照。
14. Csikszentmihaly（1991）。
15. この記載は American Society for Aesthetic Plastic Surgery のウェブサイトより引用。

9章

1．この概念は社会学者 Peter Gross の同名の著書（1994）より引用。そのほか英語には「multi-choice society」という概念もある（Breedveld und van den Broek, 2003）。

8．数字は以下の調査より。Godbey und Graefe（1993）、Eckersley（1999）、Garhammer（2002）、Green（2000）、Duxbury und Higgins（2001）。
9．Sullivan und Gershuny（2001）、Robinson und Godbey（1997）、Vaage（2002）、Rydenstam（2002）、Southerton（2003）、Choo（2002）を参照。

第2部

1．四つのトレッドミル効果に関するまとまった学術論文はBinswanger（2006a）に見られる。

7章

1．Silverstein und Fiske（2003）に記述。
2．Bearden und Etzel（1982）、Loch その他（2000）を参照。
3．Belk その他（1982）。
4．この例は、Loch その他（2000）P9より引用。
5．Solnick und Hemenway（2005）を参照。どの品物がステータス品とされているかを明らかにするためのアンケートを実施。
6．Silverstein und Fiske（2003）P.5より引用。
7．ただし、Fred Hirsch はステータスの意味を重要視した初めての経済学者ではない。フランスの経済学者である Jean Bodin がすでに1578年にこれについて記述している。のち1899年には、Thorstein Veblen が自著『有閑階級の理論』の中で「衒示消費（Conspicuous Consumption）」という概念を用いている。これは、高級消費財の購入によって周囲の人間を驚かせることをいう。
8．Schor（1998）を参照。
9．Luttmer（2005）。
10．Cramer（2003）P313、拙訳。
11．Fournier und McGuiry（1991）を参照。
12．Solnick und Hemenway（1998）。
13．Brown その他（2005）。
14．Scitovsky（1976）を参照。
15．Weinstein（1980）。Frank（1999）第10章の例も参照。
16．Givhan（1995）。

3．Easterlin（2001）。
4．Blanchflower und Oswald（2004）。

4章

1．Ahuvia und Friedman（1998）、Easterlin（1995, 2001）、Diener und Biswas-Diener（2002）、Frey und Stutzer（2002a, 2002b）を参照。
2．Easterlin（2001）
3．Di Tella その他参照（1999）。
4．連邦統計局参照（2002）。

5章

1．Mitchell その他（1997）並びに Wirtz その他（2003）は、休暇に関する選択的な忘却について経験的調査を行い、これを確認した。
2．Kahneman und Riis（2005）を参照。
3．Kahneman その他（2004）を参照。
4．Argyle（2001）P.224も参照。
5．Csikszentmihaly und Hunter（2003）。
6．Powdthavee（2005）参照。イギリスの「Household Panel」のデータを用いてこれを指摘。

6章

1．Cross（1993）、Hochschild（1997）、Lehto und Sutela（1999）、Robinson und Godbey（1997）、Schor（1998）、Zuzanek und Mannell（2002）。
2．Bielinski その他(2001)、Merz(2002)、Schlese und Schramm(1995)を参照。
3．調査は、オーストラリアの Household, Income and Labour Dynamics Survey（HILDA）(2001)、ドイツの der Sozilökonomische Panel（SOEP）(2002)、韓国の Time Use Survey（1999）。
4．Brown und Warner-Smith（2002）参照。
5．同結果は Bittman（2004）、Epstein und Kalleberg（2001）、Goodin その他（2002）、Takkala（2000）に見られる。
6．Kreuzenkamp und Hooghiemstra（2000）。
7．Pacholok und Gauthier（2004）。

原注一覧

はじめに

1．Golden und Wiens-Tuers（2006）参照。
2．ただし、時に主張されるように、収入の増加は人をより不幸にするわけでもない。
3．Woltron（2003）も参照。

1章

1．Myers（1993）P.25より引用。
2．注目された著書「Happy People」を1978年に出版した心理学者Jonathan Freedmanの見解と一致する。
3．Diener und Oishi（2000）参照。Kahneman und Riis（2005）は「体験した幸福（experienced well-being）」と「査定した幸福（evaluated well-being）」という分け方をしている。
4．Frey und Stutzer（2002b）、Easterlin（2001）、Clark und Oswald（2002）を参照。
5．Diener und Oishi（2000）、Kahneman（2000）、Myers（1993）、Veenhoeven（1993）などを参照。
6．Blanchflower und Oswald（2003）がこのような事実を詳述。

2章

1．インターネット www.worldvaluessurvey.com を参照。
2．Argyle（2001）P.179を参照。

3章

1．この結果に関する記述はBlanchflower und Oswald（2004）、Diener und Oishi（2000）、Diener und Biswas-Diener（2002）、Easterlin（1995）、Kenny（1999）、Veenhoeven（1993）に見られる。
2．Layard（2005）も参照。1946年の１人当たりの国内総生産（GDP）の価値は、「とても幸せ」と思っている人々の割合と等しく設定された。

Tijdens, K. (2003). Working women's choices for domestic help. The effects of financial and time resources. Working paper. Amsterdam Institute for Advance Labor Studies.

Tsiros, M. und V. Mittal (2000). Regret: A Model of Its Antecedents and Consequences in Consumer Decision Making. Journal of Consumer Research 26, 401–417.

Tversky, A. und E. Shafir (1992). The Disjunction Effect in Choice Under Uncertainty, Psychological Science 3, 305–309.

Tyrell, B. (1995). Time in our Lives: facts and analysis on the 90s. Demos Quarterly 5, 71–79.

Ulrich, P. (2005). Zivilisierte Marktwirtschaft. Freiburg, Herder.

Vaage, O. F. (2002). Changes in work time and leisure time in Norway 1971–2000. Paper prepared for the IATUR Conference in Lisbon.

van Boven, L. und T. Gilovich (2003). To Do or to Have? That Is the Question. Journal of Personality and Social Psychology 85 (6), 1193–1202.

Veenhoven, R. (1993). Happiness in Nations: Subjective Appreciation of Life in 56 Nations 1946–1992. Rotterdam, Erasmus University Press.

Ward, C.H. und R.M. Eisler (1987). Type A Behavior, Achievement Striving, and a Dysfunctional Self-Evaluation System. Journal of Personality and Social Psychology 53, 318–326.

Weinstein, N. D. (1980). Unrealistic Optimism About Future Life Events. Journal of Personality and Social Psychology 39, 806–820.

Wirtz, D., Kruger, J., Scollon C.N. und E. Diener (2003). What to do on spring break? The role of predicted, on-line, and remembered experience in future choice. Psychological Science 14, 520–524.

Woltron, K. (2003). Die sieben Narrheiten. St. Pölten, NP-Buchverlag.

Wuthnow, R. (1996). Poor Richard's Principle. Princeton, NJ, Princeton University Press.

Zuzanek, J. and R. Mannell (2002). Relationships between leisure participation, feelings of time pressure, and emotional well-being in the lives of Canadian adolescents aged 12 to 18. Paper prepared for the IATUR Conference in Lisbon.

Eine ausführliche Literaturliste kann unter folgender Adresse eingesehen werden:

http://www.mathias-binswanger.ch/

Schafer, A. (2000). Regularities in Travel Demand: An International Perspective. Journal of Transportation and Statistics. 3 (3), 1–32.
Schlese, M. und F. Schramm, F. (1995). Beschäftigte wünschen auch in den neunziger Jahren kürzere Arbeitszeiten. Personal 11/95, 571–576.
Schor, J.B. (1991): The Overworked American: The Unexpected Decline of Leisure. New York, Basic Books.
Schor, J.B. (1998). The Overspent American. New York, Basic Books.
Schor, J.B. (2000). Do Americans Shop Too Much? Boston, Beacon Press.
Schütz, D. (2005). Gierige Chefs. Zürich, Orell Füssli.
Schwartz, B. (2000). Self-Determination: The Tyranny of Freedom. American Psychologist 55 (1), 79–88.
Schwartz, B. (2004). The Paradox of Choice. New York, Harper Collins.
Scitovsky, T. (1976). The Joyless Economy: An Inquiry into Human Satisfaction and Dissatisfaction. Oxford, Oxford University Press.
Seifert, H. (Hrsg.) (2005). Flexible Zeiten in der Arbeitswelt. Frankfurt, Campus.
Silverstein, M. und N. Fiske (2003). Trading Up: The New American Luxury. New York, Portfolio.
Smith, A. (1977). Theorie der ethischen Gefühle. Hamburg, Meiner.
Solnick, S. und D. Hemenway (1998). Is more always better? A survey of positional concerns. Journal of Economic Behavior and Organization 37, 373–383.
Solnick, S. und D. Hemenway (2005). Are Positional Concerns Stronger in Some Domains than in Others? American Economic Review 95, 147–151.
Southerton, D. (2003). Squeezing Time: allocating practices, co-ordinating networks and scheduling society. Time and Society 12 (1), 5–25.
Stove, D. (1999). Against the Idols of the Age. New Brunswick, NJ, Transaction Publishers.
Sullivan, O. und J. Gershuny (2001). Cross-national Changes in Time-use: Some Sociological (Hi)stories Re-examined. British Journal of Sociology 52, 331–347.
Swinyard, W., Kau, A.-K. und H.-Y. Phua (2001). Happiness, Materialism, and Religious Experience in the US and Singapore. Journal of Happiness Studies 2, 13–32.
Takkala, P. (2000). Social differences in care of children under school age in Finland. Paper presented at ECSR 2000 Family Policy Workshop Programme.
Texas Transportation Institute (2002). Urban Mobility Study.
Thaler, R. H. (1999). Mental Accounting Matters. Journal of Behavioral Decision Making 12, 183–206.
The President's Council on Bioethics (2003). Beyond Therapy: Biotechnology and the Pursuit of Happiness. Washington, D.C.

Mitchell, T., Thompson, L., Peterson, E. und R. Cronk (1997). Temporal Adjustments in the Evaluation of Events: The „Rosy View". Journal of Experimental Social Psychology 33, 421–448.

Myers, D. (1993). The Pursuit of Happiness. New York, Avon.

Novaco, R.W., Stokols, D. und L.C. Milanesi (1990). Subjective and Objective Dimensions of Travel Impedance as Determinants of Commuting Stress. American Journal of Community Psychology 18, 231–257.

OECD (2001). The Well-being of Nations: The Role of Human and Social Capital. Paris.

O'Guinn, T. und L.J. Shrum (1997). The Role of Television in the Construction of Consumer Reality. Journal of Consumer Research 23, 278-294.

Pacholok, S. und A. Gauthier (2004). A Tale of Dual Earner Families in Four Countries. In: Bittman, M. und N. Folbre (Hrsg.). Family Time: The Social Organization of Care. London, Routledge. S. 197-223.

Peters, P., Tijdens, K. und C. Wetzels (2002). Factors in Employees' Telecommuting Opportunities, Preferences and Practices. Research Paper No. 8. Time Consumption, ICS.

Powdthavee, N. (2005). Identifying Causal Effects with Panel Data: The Case of Friendship and Happiness. The Institute of Education, University of London.

Putnam, R.D. (1996). The Strange Disappearance of Civic America. The American Prospect 7 (24).

Radisch, I. (2006). Der Preis des Glücks. Die Zeit Nr. 12.

Redelmeier, D. und E. Shafir (1995). Medical decision making in situations that offer multiple alternatives. Journal of the American Medical Association 273 (4), 302–305.

Reisch, L. (2002). Ist das Thema Zeitwohlstand theoriefähig? In: Rinderspacher, J. P. (Hrsg.). Zeitwohlstand. Ein Konzept für einen anderen Wohlstand der Zeit. Berlin, Edition Sigma. S. 37-58.

Reuters Report (1996). Dying for information? An investigation into the effects of information overload in the UK and worldwide. London, Reuters.

Rinderspacher, J.P. (1985). Gesellschaft ohne Zeit. Individuelle Zeitverwendung und soziale Organisation der Arbeit. Frankfurt, Campus.

Rinderspacher, J.P. (Hrsg.) (2002). Zeitwohlstand. Ein Konzept für einen anderen Wohlstand der Zeit. Berlin, Edition Sigma.

Robert Half International, Inc. (1996). Misuse of the Internet may hamper productivity. Report from an internal study conducted by a private marketing research group.

Robinson, J. und G. Godbey (1997). Time for Life: The Surprising Ways Americans Use their Time. Pennsylvania State University Press.

Rydenstam, K. (2002). Time Use Among the Swedish Population. Changes in the 1990s. Paper for the IATUR Conference in Lisbon.

Knoflacher, H. (1993). Does the Development of Mobility Follow a Time Pattern? History of Technology 15, 125–140.

Koslowsky, M., Kluger, A. N. und Reich, M. (1995). Commuting Stress: Causes, Effects, and Methods of Coping. New York, Plenum Press.

Kraybill, A. (2001). The Riddle of Amish Culture. Baltimore, MD, Johns Hopkins University Press.

Kreuzenkamp, S. und E. Hooghiemstra (Hrsg.) (2000). De kunst van het combineren. Taakverdeling onder partners. Sociaal en Cultureel Planbureau. The Hague.

Lane, R.E. (2000). The Loss of Happiness in Market Democracies. New Haven, Yale University Press.

Layard, R. (2003). Happiness – Has Social Science a Clue? Lionel Robbins Memorial Lectures. Centre for Economic Performance, London School of Economics.

Layard, R. (2005). Happiness: Lessons from a New Science. London, Penguin.

Lebergott, S. (1993). Pursuing Happiness. Princeton, Princeton University Press.

Lehmann, D.R. (1998). Customer Reactions to Variety: Too Much of a Good Thing? Journal of the Academy Marketing Science 26 (1), 62–65.

Lehto, A.-M., Sutela, H. (1999). Efficient, More Efficient, Exhausted: Findings of Finnish Quality of Work Life Surveys 1977–1997. Helsinki, Statistics Finland.

Loch, C., Huberman, B. und S. Stout (2000). Status Competition and Performance in Work Groups. Journal of Economic Behavior and Organization 43, 35–55.

Loewenstein, G., Prelec, D. und R. Weber (1999). What me worry? A Psychological Perspective on Economic Aspects of Retirement. In: Aaron, H. J. (Hrsg.). Behavioral Dimensions of Retirement Economics. Washington, DC, Brookings Institution Press.

Loewenstein, G. und D. Schkade (1999). Wouldn't It Be Nice? Predicting Future Feelings. In: Kahneman, D. Diener, E. und N. Schwarz (Hrsg.). Well Being: The Foundations of Hedonic Psychology. New York, Russell Sage Foundation. S. 85–105.

Luttmer, E.F.P. (2005). Neighbors as Negatives: Relative Earnings and Well-Being. Quarterly Journal of Economics 120 (3), 963–1002.

Machlis, S. (1997). Gotcha! Computer Monitors Riding the Web Wave. Computerworld, 04.04.1997, S.1.

Merz, J. (2002). Time and Economic Well-being – A Panelanalysis of Desired vs. Actual Working Hours. The Review of Income and Wealth 48 (3), 317–346.

Michalos, A.C. (1991). Global Report on Student Well-Being. Volume 1: Life Satisfaction and Happiness. New York, Springer.

Heylighen F. (2006). Complexity and Information Overload in Society: Why Increasing Efficiency leads to Decreasing Control. Technological Forecasting and Social Change. (forthcoming).

Hirsch, F. (1976). Social Limits to Growth. New York, Twentieth Century Fund.

Hochschild, A.R. (1997). The Time Bind: When Work Becomes Home and Home Becomes Work. New York, Henry Holt and Company, Inc.

Hsee, C.K., Zhang, J., Yu, F. und Y. Xi (2003). Lay Rationalism and Inconsistency Between Decision and Predicted Experience. Journal of Behavioral Decision Making 16, 257–272.

Inglehart, R. (1990). Culture Shift in Advanced Industrial Society. Princeton, Princeton University Press.

IP (2004). Television 2004. International Key Facts. <http://www.ipb.be>.

ITAC (2001). Telework America 2001. Report of the International Telework Association and Council.

Kahneman, D. (2000). Experienced Utility and Objective Happiness: A Moment-Based Approach. In: Kahneman, D. und A. Tversky (Hrsg.). Choices, Values and Frames. New York, Russell Sage Foundation.

Kahneman, D. und J. Riis (2005). Living, and Thinking about it: Two Perspectives on Life. In: Huppert, F., Baylis, N. und B. Keverne (Hrsg.). The Science of Well-Being. Oxford, Oxford University Press. S. 285–304.

Kahneman, D. und A. Tversky, A. (1981). Rational Choice and the Framing of Decisions. Science 211, 453–458.

Kahneman, D., Krueger, A., Schkade, D., Schwartz, N. und A. Stone (2004). Toward National Well-Being Accounts. American Economic Review (Papers and Proceedings) 94, 429–434.

Kasser, T. (2000). Two Versions of the American Dream: Which Goals and Values Make for a High Quality of Life? In: Diener, E. und D. R. Rahtz (Hrsg.). Advances in Quality of Life Theory and Research. Dordrecht, Kluwer Academic Publishers. S. 3–12.

Kemkes-Grottenthaler, A. (2004). Determinanten des Kinderwunsches bei jungen Studierenden. Eine Pilotstudie mit explorativem Charakter. Zeitschrift für Bevölkerungswissenschaft 29 (2), 193–217.

Kenny, C. (1999). Does Growth Cause Happiness, or Does Happiness Cause Growth? Kyklos 52, 3–26.

Kenrick, D., Gutierres, S. und L. Goldberg (1989). Influence of Popular Erotica on Judgments of Strangers and Mates. Journal of Experimental Social Psychology 25, 159–167.

Kenrick, D., Montello, D., Gutierres S. und M. Trost (1993). Effects of Physical Attractiveness on Affect and Perceptual Judgments. Personality and Social Psychology Bulletin 19, 195–199.

Keynes, J.M. (1930). Economic Possibilities for Our Grandchildren. In: Keynes, J.M. Collective Writings. London, Macmillan.

Garhammer, M. (2002). Pace of Life and Enjoyment of Life. Paper presented at the IATUR Conference on „Time pressure in European countries“ in Lisbon. Accepted for publication in the Journal of Happiness Studies.

Geißler, K. A. (1998). Vom Tempo der Welt. Freiburg, Herder.

Geißler, K. A. (2004). Alles. Gleichzeitig. Und zwar sofort. Unsere Suche nach dem pausenlosen Glück. Freiburg, Herder.

Giddens, A. (1991). Modernity and Self-Identity. Cambridge, Polity Press.

Gilbert, D.T. und E.J. Ebert (2002). Decisions and Revisions: The Affective Forecasting of Changeable Outcomes. Journal of Personality and Social Psychology 82, 503–514.

Gilbert, D.T., Driver-Linn, E. und T. D. Wilson (2002). The Trouble with Vronsky: Impact Bias in the Forecasting of Future Affective States. In: Barrett, L. F. und P. Salovey (Hrsg.). The Wisdom in Feeling: Psychological Processes in Emotional Intelligence. New York, Guilford. S. 114–143.

Godbey, G. und A. Graefe (1993). Rapid Growth in Rushin' Americans. American Demographics (April), 26–28.

Golden, L. und B. Wiens-Tuers (2006). To your Happiness? Extra Hours of Labor Supply and Worker Well-being. The Journal of Socio-Economics 35, 382–397.

Goodin, R.E., Rice, J.M., Bittman, M. und P. Saunders (2002). The Time Pressure Illusion: Discretionary Time versus Free Time. SPRC Discussion Paper No. 115 of the Social Policy Research Centre. University of New South Wales, Australia.

Green F. (2002). Work Intensification, Discretion and the Decline of Well-Being at Work. Paper to the Work Intensification Conference in Paris.

Gross, P. (1994). Die Multioptionsgesellschaft. Frankfurt, Suhrkamp.

Hahn, M., Lawson, R. und G.L. Young (1992). The Effects of Time Pressure and Information Load on the Quality of Decision Making. Psychology and Marketing 9, 365–379.

Hamsa, A.A.K. und M. Miura (2001). Do Managers favor for Teleworking in Japan? Shibaura Institute of Technology, Tokyo. Paper presented at the 6th International ITF Workshop and Business Conference in Amsterdam.

Held, M. und K.A. Geißler (1998). Ökologie der Zeit. Vom Finden der rechten Zeitmaße. Stuttgart, Hirzel.

Held, M. und H.G. Nutzinger (2002). Pausenlose Beschleunigung. In: Adam, B., Geißler, K.A. und M. Held (Hrsg.). Die Nonstop-Gesellschaft und ihr Preis. Stuttgart, Hirzel. S. 31–43.

Heuer, S. (2004). Der Flu.ch. Weltwoche Nr. 41, 51–55.

Heuser, U.J. (2003). Tretmühle des Glücks. Die Zeit Nr. 11.

Hewitt, P. (1993). About Time. The Revolution in Work and Family Life. London, Rivers Oram Press.

Easterlin, R. A. (1995). Will Raising the Incomes of All Increase the Happiness of All? Journal of Economic Behavior and Organization 27, 35–47.

Easterlin, R. A. (2001). Income and Happiness: Towards a Unified Theory. The Economic Journal 111, 465–484.

Easterlin, R. A. (2003). Do Aspirations Adjust to Level of Achievement? A Look at the Financial and Family Domains. Paper presented at the Workshop „Income, Interactions and Subjective Well-Being" in Paris.

ECATT (2000). Benchmarking Progress on New Ways of Working and New Forms of Business across Europe. ECATT final report, IST programme.

Eckersley, R. (1999). Quality of Life in Australia: An Analysis of Public Perceptions. Discussion Paper No. 23. The Australian Institute, Canberra.

Epstein, C. F. und A. Kalleberg (2001). Time and the Sociology of Work. Work and Occupations 28 (1), 5–6.

European Commission (1998). Status Report on European Telework.

Federal Reserve Bank of Dallas (1998). The Right Stuff. America's Move to Mass Customization. 1998 Annual Report.

Fournier, S. und M. Guiry (1991). A Look into the World of Consumption Dreams, Fantasies and Aspirations. Research Report. University of Florida.

Frank, R. H. (1985). Choosing the Right Pond. New York, Oxford University Press.

Frank, R. H. (1999). Luxury Fever. Why Money Fails to Satisfy in an Era of Excess. New York, Free Press.

Frederick, S. und G. Loewenstein (1999). Hedonic Adaptation. In: Kahneman, D., Diener, E. und N. Schwarz (Hrsg.). Well-being: The Foundations of Hedonic Psychology. New York, Russell Sage Foundation. S. 302–329.

Freedman, J. (1978). Happy People: What Happiness Is, Who Has It, and Why. New York, Harcourt.

Frey, B. S. und R. Jegen (2001). Motivation Crowding Theory: A Survey of Empirical Evidence. Journal of Economic Surveys 15, 589–611.

Frey, B. S. und A. Stutzer (2002a). What Can Economists Learn from Happiness Research? Journal of Economic Literature 40, 402–435.

Frey, B. S. und A. Stutzer (2002b). Happiness and Economics: How the Economy and Institutions Affect Human Well-Being. Princeton, Princeton University Press.

Frey, B. S. und A. Stutzer (2003). Testing Theories of Happiness. Working Paper No. 147, Institute for Empirical Research in Economics. University of Zurich.

Frey, B. S. und A. Stutzer (2004). Economic Consequences of Mispredicting Utility. Working Paper No. 218. Institute for Empirical Research in Economics. University of Zurich.

Garhammer, M. (1999). Wie Europäer ihre Zeit nutzen – Zeitstrukturen im Zeichen der Globalisierung. Berlin, Edition Sigma.

Carmon, Z., Wertenbroch, K. und M. Zeelenberg (2003). Option Attachment: When Deliberating Makes Choosing Feel Like Losing. Journal of Consumer Research 30 (1), 15–29.

Choo, K.Y. (2002). Korean People's Leisure Time Change during 1981–2000. Paper presented at the IATUR Conference 2002 in Lisbon.

Clark, A.E. und A.J. Oswald (2002). A Simple Statistical Method for Measuring How Life Events affect Happiness. International Journal of Epidemiology 31 (6), 1139–1144.

Cramer, J. (2003). Confessions of a Street Addict. New York, Simon and Schuster.

Cross, G. (1993). Time and Money: The Making of Consumer Culture. New York, Routledge.

Csikszentmihalyi, M. (1991). Flow: The Psychology of Optimum Experience. New York, Harper and Row.

Csikszentmihalyi, M. (2004). Flow im Beruf. Stuttgart, Klett-Cotta.

Csikszentmihalyi, M. und J. Hunter (2003). Happiness in Everyday Life: The Uses of Experience Sampling. Journal of Happiness Studies 4, 185–199.

Davis, D.D. und K.A. Polonko (2001). Telework America 2001 Summary. <http://www.workingfromanywhere.org/telework/twa2001.htm> 04.06.2003.

Desmeules, R. (2002). The Impact of Variety on Consumer Happiness: Marketing and the Tyranny of Freedom. Academy of Marketing Science Review 12 (Online).

Di Tella, R., MacCulloch, R.J. und A.J. Oswald (1999). The Macroeconomics of Happiness. ZEI Working Paper B99-03. Center for European Integration Studies. Bonn.

Diener, E. und R. Biswas-Diener (2002). Will Money Increase Subjective Well-Being? Social Indicators Research 57, 119–169.

Diener, E. und R. A. Emmons (1985). Factors predicting Satisfaction Judgments: A Comparative Examination. Social Indicators Research 16, 157–167.

Diener, E. und S. Oishi (2000). Money and Happiness: Income and Subjective Well-Being Across Nations. In: Diener, E. und E. Suh (Hrsg.). Culture and Subjective Well-Being. Cambridge, MA, MIT Press. S. 185–218.

Dominguez, J. und V. Robin (1993). Your Money or Your Life. New York, Penguin.

Duxbury, L. und C. Higgins (2001). Work-life Balance in the New Millennium: A Status Report. <www.cprn.ca/7314_en.pdf>.

Easterlin, R.A. (1974). Does Economic Growth Improve the Human Lot? Some Empirical Evidence. In: David, P. A. und M. W. Reder (Hrsg.). Nations and Households in Economic Growth: Essays in Honour of Moses Abramowitz. New York and London, Academic Press, S. 89–125.

Binswanger, M. (2006a). Why Does Income Growth Fail to Make Us Happier? – Searching for the Treadmills Behind The Paradox of Happiness, Journal of Socio-Economics 36, 119–132.

Binswanger, M. (2006b). Ewiges Wachstum statt ewiges Leben – die neue Heilsbotschaft der heutigen Wirtschaft? In: Woltron, K., Knoflacher, H. und A. Rosik-Kölbl (Hrsg.). Weltreligionen und Kapitalismus. Wien. S. 153–168.

Bittman, M. (2004). Parenting and Employment. In: Bittman, M. und N. Folbre (Hrsg.). Family Time: The Social Organization of Care. London, Routledge. S. 152–170.

Bittman, M. und Folbre, N. (Hrsg.) (2004). Family Time: The Social Organization of Care. London, Routledge.

Bjørnskov, C. (2003). The Happy Few: Cross-Country Evidence on Social Capital and Life Satisfaction. Kyklos 56, 3–16.

Blanchflower, D. und A. J. Oswald (2003). Well-Being Over Time in Britain and the USA. Journal of Public Economics 88, 1359–1386.

Blanchflower, D. und A. Oswald (2004). Money, Sex and Happiness: An Empirical Study. Working Paper No. 10499. Cambridge, National Bureau of Economic Research.

Bode, S. und F. Roth (2002). Wenn die Wiege leer bleibt. Bergisch Gladbach, Ehrenwirth.

Brammer et al. (1994). Neurotransmitters and Social Status. In Ellis, L. (Hrsg.). Social Stratification and Socioeconomic Inequality. Westport, CT, Praeger. S. 75–91.

Brady, K. (1997). Dropout rise a net result of computers. The Buffalo News, 21.04.1997. S. A1.

Breedveld, A. und K. van den Broek (2003). The Multiple-Choice Society. Time and the Organisation of Commitments and Services. Social and Cultural Planning Office of the Netherlands. The Hague.

Brickman, P., Coates, D. und R. J. Janoff-Bulman (1978). Lottery Winners and Accident Victims: Is Happiness Relative? Journal of Personality and Social Psychology 36, 917–927.

Brown, G. D. A., Gardner, J., Oswald, A. J. und J. Quian (2005). Does Wage Rank Affect Employees' Wellbeing? IZA Discussion Paper No. 1505. Bonn.

Brown, P. und P. Warner-Smith (2002). The town dictates what I do: the health and wellbeing of women in a small Australian country town. Leisure Studies 21 (1), 39–56.

Bundesamt für Statistik (2002). Sozialberichterstattung Schweiz. Wohlstand und Wohlbefinden, Lebensstandard und soziale Benachteiligung in der Schweiz. BFS, Neuchatel.

Bundesministerium für Wirtschaft und Arbeit (1999). Statusbericht. Auf dem Weg von Telearbeit zu eWork. Zum Stand von Telearbeit und eWork in Österreich vor dem Hintergrund der Entwicklungen in der EU. Wien.

参考文献一覧

Alesina, A., Di Tella, R., und R. MacCulloch (2004). Inequality and Happiness. Journal of Public Economics 88, 2009–2042.
Adam, B., Geißler, K. A. und M. Held (Hrsg.) (1998). Die Nonstop-Gesellschaft und ihr Preis. Stuttgart, Hirzel.
Ahuvia, A. C. und D. Friedman (1998). Income, Consumption, and Subjective Well-Being: Towards a Composite Macromarketing Model. Journal of Macromarketing 18, 153–168.
Amir, O. und D. Ariely (2004). The Pain of Deciding: Indecision, Flexibility, and Consumer Choice Online. Working Paper.
Anderson, B. (2004). Information Society Technologies, Social Capital and Quality of Life. e-Living D11. 4b. <http://www.eurescom.de/e-living>.
Argyle, M. (2001). The Psychology of Happiness. London, Routledge.
Baker, M. (1997). Parental Benefit Policies and the Gendered Division of Labor. Social Service Review (March), 52–71.
Bearden,W. und M. Etzel (1982). Reference Group Influence on Product and Brand Purchase Decisions. Journal of Consumer Research 97, 183–194.
Beck, U. (1992). Risk Society: Towards a New Modernity. London, Sage Publications.
Belk, R., Bahn, K. und R. Mayer (1982). Developmental Recognition of Consumption Symbolism. Journal of Consumer Research 9, 4–17.
Bielinski, H., Bosch G. und A. Wagner (2001). Employment Options for the Future: Actual and Preferred Working Hours. A Comparison of 16 European Countries. Report on behalf of the European Foundation for Living and Working Conditions. Institute for Work and Technology, Science Centre North Rhine-Westphalia.
Binswanger, H. C. (2006). Die Wachstumsspirale. Marburg, Metropolis.
Binswanger, M. (1996). Monetäre Wachstumsdynamik in modernen Wirtschaftssystemen. In: Riedl, R. und M. Delpos (Hrsg.). Die Ursachen des Wachstums. Wien. S. 282–296.
Binswanger, M. (2001). Technological Progress and Sustainable Development: What About the Rebound Effect? Ecological Economics 36, 119–132.
Binswanger, M. (2004a). Time-Saving Innovations and Their Impact on Energy Use: Some Lessons from a Household-Production-Function Approach. International Journal of Energy Technology and Policy 2, 209–218.
Binswanger, M. (2004b). Does Happiness Increase with Income in Developed Countries? In: Woltron, K., Knoflacher, H. und A. Rosik-Kölbl (Hrsg.). Wege in den Postkapitalismus. Wien. S. 204–237.

【マ】

【ラ】

【ワ】

【タ】

【ナ】

【ハ】

人名索引

著者紹介

小山　千早（こやま・ちはや）

1963年、三重県志摩市生まれ。

日本大学短期大学部国文科卒業。1989年、結婚を機に渡瑞。

1994年にゲーテ・インスティトゥートの小ディプロム（Kleines Sprachdiplom）を取得し、翻訳活動を始める。

訳書として、ベルンハルト・ケーゲル『放浪するアリ』（新評論、2001年）H. M. エンツェンスベルガー編『武器を持たない戦士たち』（新評論、2003年）、クリスチャン・ラルセン『美しい足をつくる』（保健同人社、2006年）、『スイスの使用説明書』（新評論、2007年）がある。

HP：www.koyama-luethi.ch

お金と幸福のおかしな関係
——トレッドミルから降りてみませんか——　（検印廃止）

2009年9月15日　初版第1刷発行

訳　者　小　山　千　早
発行者　武　市　一　幸

発行所　株式会社　新　評　論

〒169-0051
東京都新宿区西早稲田3-16-28
http://www.shinhyoron.co.jp

電話　03(3202)7391
FAX　03(3202)5832
振替・00160-1-113487

落丁・乱丁はお取り替えします
定価はカバーに表示してあります

印刷　フォレスト
製本　桂川製本
装丁　山田英春
写真　小山千早
（但し書きのあるものは除く）

Printed in Japan
ISBN978-4-7948-0813-4

新評論　好評既刊

T.キュング&P.シュナイダー／小山千早 訳

スイスの使用説明書

「憧れの国」だけれど，知らないことだらけ…つかみどころのない国・スイス。観光旅行では決して体験できないこの国・この国の人たちの真髄を，ユーモアたっぷりに紹介する快笑のスイス案内。

[四六上製　２７４頁　２６２５円　ISBN978-4-7948-0726-7]

H.M.エンツェンスベルガー編／小山千早 訳

武器を持たない戦士たち　国際赤十字

赤十字委員会の起源や歴史，これまでの実際の活動や危機に直面した際の対策をつぶさに紹介。『数の悪魔』の著者が贈る，他に類を見ない「国際赤十字史」。

[四六上製　３０４頁　２５２０円　ISBN4-7948-0603-5]

B.ケーゲル／小山千早 訳

放浪するアリ　生物学的侵入をとく

人間の手で移入された魚や鳥や動物，植物が原産の生物を凌駕し，その土地特有の生態系を変化させ国産種を滅ぼす恐るべき現象を報告，「種の絶滅」の実態に迫る。

[四六上製　３６８頁　３９９０円　ISBN4-7948-0527-6]

A.リンドクウィスト&J.ウェステル／川上邦夫 訳

あなた自身の社会　スウェーデンの中学教科書

子どもたちに，社会の何をどう伝えるか。法律・行政・社会保障制度など社会参加の上で必須の知識だけでなく，不平等，暴力，いじめ，ドラッグなど負の側面も解説。皇太子激賞の詩「子ども」収録!

[Ａ５並製　２２８頁　２３１０円　ISBN4-7948-0291-9]

＊表示価格はすべて消費税込みの定価です。